No violencia. Una inmersión rápida

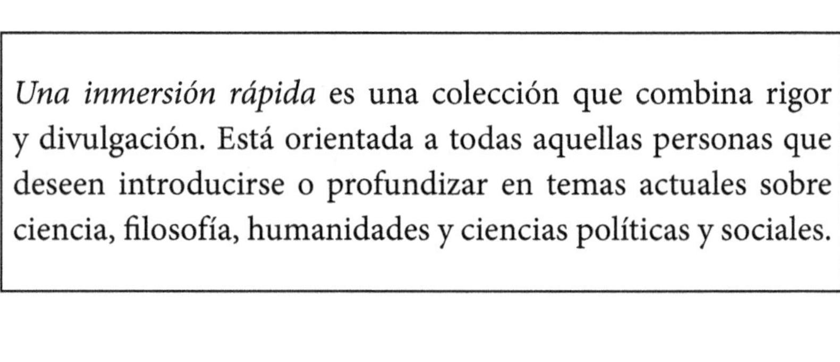

Una inmersión rápida es una colección que combina rigor y divulgación. Está orientada a todas aquellas personas que deseen introducirse o profundizar en temas actuales sobre ciencia, filosofía, humanidades y ciencias políticas y sociales.

Andrew Fiala

NO VIOLENCIA

Una inmersión rápida

Tibidabo Ediciones

Barcelona

Tibidabo Ediciones, SA – Tibidabo Publishing, Inc. Barcelona – New York

Tibidabo Ediciones, SA cuenta con oficina en Barcelona y en Nueva York a través de Tibidabo Publishing, Inc. En el mercado de habla castellana publica principalmente la Colección *Una Inmersión Rápida* y en el mercado de habla inglesa *A Quick Immersion Series*. También publica otras colecciones como *Actualidad* o *Topical Current Affairs Books*.

No violencia. Una inmersión rápida
© Andrew Fiala

Derechos exclusivos de edición:
© Tibidabo Ediciones, SA
Calle Muntaner, 479
08021 Barcelona
Teléfono: +34 932 126 949
Correo electrónico: tibidabo@tibidaboediciones.com

Impreso en Gráficas Rey, Barcelona
Diseño de cubierta: Raimon Guirado
Maquetación: Joan Alonso
Traducción: Júlia Moll Cerdà

Colección: Una inmersión rápida
Primera edición: Octubre de 2020

ISBN: 978-84-1347-825-8
Depósito legal: B 15444-2020

Índice

Lista de ilustraciones

Presentación

Mientras termino este libro ha surgido un movimiento de protesta social no violenta en los Estados Unidos como respuesta al racismo y a la brutalidad policial. El nombre que se usa para referirse a este movimiento no violento es *Black Lives Matter* (las vidas negras importan). El movimiento empezó cuando tres mujeres, Alicia Garza, Patrisse Cullors y Opal Tometi dieron voz a su indignación por las muertes de estadounidenses negros a manos de la policía y de justicieros racistas. Crearon una campaña no violenta para exigir el fin de este tipo de violencia. Entre los nombres de las víctimas que inspiraron *Black Lives Matter* en su inicio en 2013 están Trayvon Martin, Michael Brown y Eric Garner. Antes de ellos, hubo una larga lista de víctimas negras de violencia como Rodney King, Emmet Till y otros que fueron linchados, apaleados y asesinados. En

2020, los nombres Ahmaud Arbery, Breonna Taylor y George Floyd se han añadido a esta vergonzante lista de víctimas.

Si bien ha habido cierta cantidad de saqueos y violencia en las manifestaciones del 2020, la imagen que permanece es la de la policía agrediendo a manifestantes no violentos. Se les ha lanzado gas lacrimógeno, disparado balas de goma y arrestado. Entre los manifestantes había periodistas, que han sido agredidos y arrestados. En Buffalo, en el estado de Nueva York, la policía tiró al suelo a un manifestante no violento de 75 años, Martin Gugino, causándole una fractura en el cráneo. La policía siguió su marcha y lo dejó sangrando en la acera. En Washington DC, las fuerzas de seguridad usaron gas y granadas aturdidoras para disipar manifestaciones no violentas en Lafayette Park, para que el presidente Trump pudiera plantarse ante la St. John's Episcopal Church, en sus esfuerzos para demostrar su poder y fuerza. Estos ataques de las fuerzas de seguridad demuestran involuntariamente el poder de la no violencia. Mientras el estado se vuelve más violento en sus intentos de reprimir las manifestaciones pacíficas, crece la solidaridad con los manifestantes y se evidencia cada vez más la bancarrota moral de las fuerzas de represión. No siempre funciona. Pero las manifestaciones del 2020 sirven de lección sobre el poder de la no violencia.

Algunos críticos han respondido a *Black Lives Matter* asegurando que "all lives matter" (todas las vidas importan), y los defensores de la policía también han insistido en que "blue lives matter" (las vidas azules importan). Es verdad que todas las vidas importan. Y, de hecho, *Black Lives Matter* como movimiento ha hecho un esfuerzo consciente para ser inclusivo, es decir, informado por lo que los académicos llaman "interseccionalidad", un compromiso con la diversidad total, incluyendo las preocupaciones de las mujeres, de las comunidades LGBTQ, etcétera. Pero cuando la percepción es que las vidas de unos tienen menos valor que las de otros (como es el caso de los negros en los Estados Unidos), hace falta insistir y hacer hincapié en el valor de esas vidas. Aun así, el principio moral fundamental en cuestión es la idea que la vida misma importa. Es la intuición básica de la no violencia. Albert Schweitzer lo identificó como el principio básico de la ética: "Es bueno mantener e incentivar la vida; es malo destruirla u obstruirla". Esta intuición moral es central en la larga historia de la no violencia. Esta tradición empezó con Sócrates, Jesús y Buda. Comprende figuras más contemporáneas como Mohandas K. Gandhi, Martin Luther King, Desmond Tutu y el Dalái Lama. Los movimientos no violentos para el cambio social han tenido consecuencias profundas y duraderas en el mundo. Siguen siendo poderosos por su coherencia e integridad internas. Evitando la violencia y manteniendo el compromiso con la verdad, la justicia y el amor, demostramos el valor de una teoría y una práctica que afirma la vida.

Capítulo 1

Introducción

Estamos progresando hacia un mundo menos violento. Incluso antes del surgimiento de las manifestaciones no violentas contra el racismo y la brutalidad policial de 2020, los académicos afirmaban que nos hallamos en medio de una de las oleadas de movimientos de masas no violentas de la historia. En todo el mundo, la gente está recurriendo a las calles, a las redes sociales y a los juzgados. Sigue habiendo actos de terrorismo, delincuencia y brutalidad policial. Los gobiernos siguen oprimiendo a sus gentes. Las fuerzas militares y policiales siguen empleando violencia en exceso. Pero la idea que las protestas sociales (y que la vida misma) debe ser no violenta se ha popularizado. Y mientras emergen nuevas oleadas de no violencia, estas se basan en la historia de la no violencia y son agilizadas por nuevas estrategias que son posibles gracias a las tecnologías emergentes: entre ellas destacan las redes sociales, que posibilitan la organización rápida y eficiente de las protestas y manifestaciones en masa. Aunque cambie la tecnología, el valor de la no violencia sigue siendo el mismo.

La no violencia es el uso estratégico de la fuerza constructiva para construir un mundo de prosperidad humana. La no violencia es afirmativa y positiva: pretende crear sin destruir. La no violencia comprende una crítica de la fuerza destructora de la violencia. Sin embargo, no es meramente una doctrina crítica o negativa: es un método para construir y crear. En la no violencia, los medios y los fines están interconectados. La no violencia emplea medios honestos, justos y amorosos para cultivar resultados pacíficos también caracterizados por el amor, la verdad y la justicia.

Hay un poder persuasivo en la no violencia, quizás incluso coercitivo. Una manifestación no violenta tiene la intención de forzar un cambio. Sin embargo, a diferencia de la violencia, la no violencia no se centra principalmente en el poder o la dominación. No ve el poder como un fin en sí mismo. El poder asociado con la no violencia no es la fuerza bruta, supremacía, la dominación o la autoridad jerárquica. Mientras que la violencia destruye y amenaza con destruir, la no violencia construye a través de la afirmación y el consentimiento. Su poder está relacionado con el valor inspirador tanto de sus medios como de sus fines. Es persuasiva por la integridad y la racionalidad de sus objetivos y sus métodos. La no violencia no se propone destruir o dominar al oponente. Su objetivo es la transformación y el crecimiento. Es más bien una educación que una exterminación. Más bien una conversación que un debate. Es más como dar a luz que exigir sumisión.

Algunos consideran que la no violencia es meramente un método pragmático para producir cambios sociales. Otros están comprometidos con la no violencia como principio moral. Y otros hacen de la no violencia su base o su forma de vida. Pero la idea común es que la no violencia es tan moral como eficaz. La no violencia se ha empleado en campañas exitosas para el cambio social. Tiene una historia profunda, conectada a importantes fuentes morales y religiosas. Hay una teoría contemporánea que justifica y explica cómo y por qué funciona.

Métodos de protesta no violentos

Las protestas no violentas comprenden una serie de estrategias. Como es sabido, Gene Sharp enumeró 198 métodos diferentes de acción no violenta. En esta lista se incluyen acciones como hacer discursos en público y escribir cartas a estructuras políticas alternativas. La lista incluye varias formas de huelgas, boicots y manifestaciones. En términos generales, Sharp identificó tres tipos de acción no violenta:

- Protesta simbólica y persuasión (por ejemplo, escribir cartas)

- No cooperación (por ejemplo, huelgas de celo)

- Intervención (por ejemplo, desobediencia civil)

Estos métodos suelen solaparse y mezclarse. Las campañas no violentas coordinadas emplean y adoptan múltiples técnicas, a menudo dividiendo la tarea en una cohorte de activistas: algunos escriben cartas, otros coordinan huelgas y boicots, otros participan en la desobediencia civil. Los movimientos sociales también usan una estrategia coordinada que comprende medios institucionales y extrainstitucionales: algunos se presentan como candidatos, otros presentan demandas, otros participan en piquetes o son arrestados durante protestas. La cuestión es que esta diversidad de técnicas, métodos, tácticas y estrategias sirven para responder a aquellos que sostienen que la no violencia es débil e inútil. La acción política no violenta es compleja, pluridimensional y adaptable. Y a menudo es eficaz. Para más información sobre métodos, estrategias y técnicas, lean el Capítulo 4.

La no violencia sigue creciendo y desarrollándose tanto en la teoría como en la práctica. La filosofía de la no violencia comprende reflexiones profundas sobre la ética, la naturaleza humana, la religión y la filosofía política. A veces, este enfoque teórico es moralista: algunos insisten dogmáticamente en que la no violencia es el mejor o el único camino a seguir. Pero también hay estudios empíricos de la no violencia eficaz y el correspondiente análisis crítico de la violencia. Estos estudios empíricos forman la raíz de los "estudios de la paz", o lo que a veces se denomina "estudios de paz y conflictos". Una filosofía de la no violencia sólida y completa combina el estudio empírico de la resolución no violenta de conflictos con una crítica normativa de la violencia. Este libro trata cuestiones tanto empíricas como normativas, mientras que también expone cómo la no violencia pretende transformar nuestra forma de pensar sobre uno mismo, el mundo que le rodea y el significado. Después de leerlo, comprenderán qué es la no violencia, por qué debería valorarse y cómo debe practicarse. También trataremos la cuestión de quién practica la no violencia y a quién debe ir dirigida. A lo largo de este libro, comentaremos personajes clave en la tradición de la no violencia.

Una breve historia de la no violencia

Mohandas K. Gandhi y Martin Luther King son famosos defensores de la no violencia. El reverendo

Martin Luther King afirmó: "La no violencia es un arma poderosa y justa. Es un arma única en la historia, que corta sin herir y ennoblece al hombre que la blande". King desarrolló esta filosofía después de estudiar a Mahatma Gandhi (mahatma significa "gran alma"). El mismo Gandhi sostuvo "la no violencia es el camino hacia la libertad, no la no violencia forzada del esclavo, sino la no violencia decidida de los valientes y los libres". Estas palabras son inspiradoras, pero ¿qué significa decir que la no violencia es una espada que cura, solo un arma para los libres y los valientes? Este libro pretende responder a esta pregunta.

Ni Gandhi ni King inventaron la no violencia. La historia de la no violencia es antiquísima y mundial. Fue propuesta de varias maneras por Jesús, Sócrates, Buda y Mahavira (el fundador del jainismo). La idea básica es que el poder constructivo que evita la violencia es el camino más alto, más iluminado y ético. El trabajo de Gandhi surgió de religiones del sur de Asia como el jainismo, el budismo y el hinduismo. Trabajó con musulmanes que también abogaban por la no violencia. Gandhi también conocía las variantes de la no violencia cristiana. En el mundo cristiano, hay una tradición de no violencia en especial entre los cuáqueros, los menonitas y otros anabaptistas. En los Estados Unidos, a mediados del siglo XX, King ofreció una síntesis más a fondo que enlazó las ideas de Gandhi con el pensamiento cristiano. Pero King no era el único. La historia de la no violencia en los Estados Unidos incluye a personajes clave como Richard Gregg, A. J. Muste, James Lawson, César Chávez, Dorothy Day, entre otros. Muy pronto podremos añadir a esta lista los organizadores y teóricos que lideran las manifestaciones de *Black Lives Matter*, así como a otros de todo el mundo.

Una de las influencias de Gandhi fue el autor ruso León Tolstói. El mismo Tolstói fue influenciado por el autor trascendentalista estadounidense Henry David Thoreau. En su ensayo de 1848, *On Civil Desobedience* (Sobre la desobediencia civil), Thoreau imaginó que la gente concienciada se organizaba, negándose a obedecer leyes injustas, cambiando la realidad política mediante lo que él llamaba una "revolución pacífica". El pensamiento de Thoreau, a su vez, fue influenciado por la tradición anglo-americana de política democrática, que sostiene que las leyes deben ser tan equitativas como justas, que las personas son creadas iguales y que el poder político reside en el consentimiento de los gobernados. Thoreau también fue influenciado por la tradición del pacifismo cristiano, lo que a menudo se denominaba "no resistencia" en el siglo XIX. Si bien algunas formas de no resistencia se centran principalmente en la negación individual a cooperar, una noción más desarrollada de la protesta social no violenta pretende estimular el cambio social a través de la movilización de movimientos de masas. Para los cristianos, el ideal no violento encuentra sus raíces en principios básicos de los evangelios: debemos presentar la otra mejilla, no debemos pagar mal con mal, y debemos amar a nuestros prójimos y a nuestros enemigos.

El método de desobediencia civil que defendía Thoreau también tiene raíces profundas. Los protestantes en Europa, por ejemplo, eran aquellos que "protestaron" contra la fe católica, a menudo de forma pacífica. Martin Luther (conocido también como Martín Lutero), la razón del nombre de Martin Luther King participó en un acto de desobediencia civil no violenta cuando clavó sus *Noventa y cinco tesis* a la puerta de [**la iglesia de**] Wittenberg. Los colonialistas americanos emplearon un método parecido en el famoso motín del té en Boston. Gandhi desarrolló aún más estas estrategias, demostrando que una campaña coordinada de no violencia podía resultar eficaz. Con las nuevas tecnologías emergentes, este método ha sido mejorado y complementado. El martillo de Lutero dio paso a las marchas de Gandhi, que a su vez han sido complementadas por las redes sociales y la comunicación global con teléfonos móviles. También ha habido estudios empíricos que demuestran cómo y por qué la no violencia sirve en las luchas por la democracia y los derechos humanos.

Hoy en día, el mensaje de la no violencia se ha popularizado y ha ganado adeptos en todas partes. El Dalái Lama, por ejemplo, ha llamado a la no violencia en repetidas ocasiones, incluso en su lucha contra la ocupación del Tíbet por parte de China. En 1999, escribió:

> "Si estudiamos la historia, vemos que, con el tiempo, el amor de la humanidad por la paz, la justicia y la libertad siempre triunfa ante la crueldad y la opresión. Por eso soy un creyente tan acérrimo en la no violencia. La violencia engendra más violencia. Y la violencia solo implica una cosa: sufrimiento".

Más recientemente, el Dalai Lama explicó: "Una de las ideas antiguas indias más importantes es "ahmisa", no violencia, lo cual yo considero compasión en acción. No significa debilidad, acobardarse en el miedo, ni simplemente no hacer nada. Es actuar sin violencia, reconociendo los derechos de los demás".

El Papa Francisco ha expresado una opinión parecida. El 1 de enero de 2017, el día Mundial de la Paz, el Papa Francisco pronunció un discurso titulado "La no violencia: un estilo de política para la paz". Con este discurso recordó al mundo que la no violencia fue el mensaje que predicó Jesús: "Jesús trazó el camino de la no violencia". El Papa Francisco llamó a los católicos a la "construcción de la paz mediante la no violencia activa". Concluyó su discurso de la siguiente manera: "comprometámonos con nuestra oración y acción a ser personas que aparten de su corazón, de sus palabras y de sus gestos la violencia, y a construir comunidades no violentas, que cuiden de la casa común".

En su discurso, el Papa Francisco celebró a la Madre Teresa, a Mohandas K. Gandhi, a Martin Luther King, a Khan Abdul Ghaffar Khan y a Leymah Gbowee como héroes de la no violencia. El Papa podría haber incluido una larga lista de otras personas. Por ejemplo, podría haber citado a Malala Yousafzai, una chica paquistaní a quien dispararon en la cabeza terroristas talibanes en Paquistán en 2012 por haber manifestado su opinión en defensa de la educación para las niñas. Malala sobrevivió a ese ataque. Después se convirtió en una voz internacional en defensa de la no violencia, la educación y los derechos de las mujeres. Fue la persona más joven de la historia en recibir el Premio Nobel de la Paz. El verano de 2013, cuando solo tenía dieciséis años, pronunció un discurso en las Naciones Unidas en el que enumeró los personajes que le han influido, entre ellos: el profeta Mahoma, Jesús, Buda, Martin Luther King, Nelson Mandela, Mohamed Ali Jinnah, Bacha Khan y la Madre Teresa. Afirmó: "Esto es lo que mi alma me dice, sé pacífica y ama a todos".

Todo ello nos recuerda que la no violencia realmente es una filosofía mundial, con defensores en múltiples tradiciones, entre ellas el islam, el cristianismo, el hinduismo, el budismo, etcétera. Hay un sentido global de no violencia que es importante para personas de todo el mundo y de todas las culturas. Seguimos viendo como estallan protestas sociales no violentas en todo el globo. Y aunque la acción no violenta no es una panacea que sirva en todos los casos, hay una larga historia de acciones no violentas con éxito. El trabajo de Gandhi para liberar India es un ejemplo de ello. El movimiento por los derechos civiles en los Estados Unidos es otro. Desde los años sesenta ha habido acciones no violentas en Europa, África, Asia y América Latina. Algunas veces estas acciones han sido reprimidas con brutalidad, como después de la Primavera Árabe de la última década. Pero a menudo la no violencia ha demostrado ser lo que Peter Ackerman y Jack Duvall llaman "una fuerza más poderosa". Piensen en las campañas no violentas de éxito que hemos vivido, entre otras: esos movimientos que causaron la caída de los gobiernos de estilo soviético en Europa central y del este, así como la caída del Muro de Berlín; las luchas por el poder en países latinoamericanos como Chile, que aún siguen hoy; manifestaciones contra gobiernos autoritarios en África y en el Oriente Medio (incluyendo el movimiento para derribar el régimen del apartheid en Sudáfrica, así como la Primavera Árabe y las intifadas en Palestina); la lucha por la autonomía en Hong Hong, etcétera. La acción política en todo el mundo sigue empleando y desarrollando técnicas no violentas: en movimientos para el medio ambiente, movimientos feministas y para la justicia social.

1. Manifestante sosteniendo una pancarta con la imagen de la activista Malala Yousafza deseando su pronta recuperación tras el atentado sufrido el 9 de octubre de 2012 en Mingora (Pakistán).

Los esfuerzos para cambiar la sociedad sin violencia siguen inspirando el trabajo de activistas en todo el mundo en conjunción con una variedad de acciones que van desde manifestaciones contra el racismo, la brutalidad policial, la represión política a manifestaciones a favor de la prevención del cambio climático, en defensa de los derechos de las mujeres, y en oposición al capitalismo extremo. En las próximas páginas consideraremos estos esfuerzos y reflexionaremos de forma crítica sobre el valor y el poder de la no violencia, mientras consideramos cómo los defensores de la no violencia se entienden a sí mismos y al mundo que les rodea.

Capítulo 2

¿Qué es la no violencia?

La teoría y la práctica de la no violencia han comprendido a menudo una crítica extensiva de la violencia. Pero este enfoque tiende a distraer del núcleo afirmativo y positivo de la no violencia. La no violencia puede entenderse en términos positivos como el uso estratégico de la fuerza constructiva para construir un mundo de prosperidad humana. Podemos definir la no violencia en términos positivos como humanidad, compasión o bondad amorosa. La violencia es un obstáculo importante para la materialización de la bondad, la justicia y la fuerza constructiva. Pero la visión positiva de la no violencia no solo hace referencia al rechazo a la violencia, también está relacionado con la construcción, el amor, y la empatía con los demás.

El término "no violencia" no está aislado como concepto o valor. Al contrario, a menudo se usa como adjetivo para describir otra cosa. Por ello, hablamos de protestas no violentas, comunicación no violenta, policía no violenta, crianza no violenta y agricultura no violenta. Cuando las actividades son no violentas, evitan deliberadamente dañar a los demás y persiguen la materialización de la bondad, la justicia, la creatividad y el amor.

La mayor parte de los ensayos sobre no violencia se centran principalmente en el activismo social no violento o en los movimientos políticos no violentos. Este es el poder creativo y no destructivo aplicado a la actividad social y política. En estos casos, incluso podemos hablar de "coerción no violenta". Aunque suene como un oxímoron, es lo que muchos famosos defensores de las protestas sociales no violentas tienen en mente. La protesta social no violenta pretende persuadir y convertir a los oponentes. Hay un elemento de coerción en el activismo social y político. La intención de una huelga, o un boicot o una campaña de desobediencia civil es forzar al oponente a responder. La "fuerza" que se emplea es no violenta: nadie sufre daños físicos y hay esperanzas de una resolución creativa y positiva.

De la misma forma que otras ideas importantes, la no violencia es compleja. La no violencia se ha calificado y descrito de varias formas. Martin Luther

King nos recuerda que existe una diferencia entre los que adoptan la no violencia como técnica o estrategia y aquellos que la entienden como "una forma de vida". La idea de la no violencia como forma de vida está relacionada con el ideal de lo que podemos llamar "pacifismo" (un término que también puede interpretarse de varias formas). Dentro de la esfera de la no violencia estratégica, se han empleado varios términos: resistencia civil, resistencia popular, poder de la gente, e incluso resistencia pasiva. El último término puede ser confusionario ya que la no violencia no suele ser "pasiva". La no violencia estratégica se centra en la política, no es institucional y es contundente. También suele operar fuera de los marcos legales y políticos convencionales. Pero debemos tener en cuenta que la política democrática contiene un elemento crucial de la no violencia: los sistemas electorales democráticos hacen posible la transferencia de poder no violenta; y las normas de la política liberal-democrática en general prefieren la resolución no violenta de los conflictos.

El término no violencia, obviamente se entiende como la negación de la violencia. Pero esta forma de entender la no violencia es poco afortunada y poco informativa. Es poco afortunada porque, como término negativo, el término "no violencia" contiene lo mismo que pretende rechazar. Esta dificultad terminológica afecta a la filosofía de la no violencia, que da la impresión a algunos de que se trata de una idea negativa o incluso reaccionaria. Los críticos llegan a afirmar que es un tipo de cobardía o miedo a la violencia. Sugieren que los defensores de la no violencia no hacen nada o no están dispuestos a hacer lo que hace falta para promover el cambio social. Como respuesta, los defensores de la no violencia sostienen que la no violencia no es simplemente negativa: los activistas no violentos hacen mucho para promover el cambio social.

El problema terminológico está presente en muchas lenguas. En las lenguas y culturas del sur de Asia (en las tradiciones del hinduismo, jainismo, budismo y en la filosofía de Mohandas K. Gandhi), se emplea el término *ahimsa*. El término también es negativo: *a-himsa* (no violencia) es la negación de *himsa* (violencia). En francés, el término es *non-violence*. En alemán, se emplean dos términos relacionados para traducir no violencia: *Gewaltlosigkeit* (que significa sin violencia) y *Gewaltfreiheit* (que significa libre de violencia). En este caso el alemán es proactivo, ofreciendo la idea de ser libre de violencia. Eso nos puede ayudar a imaginar una variedad de expresiones en nuestra lengua, "acción libre de violencia" [...] o "acción sin violencia". Es cierto que estas expresiones siguen conteniendo el término *violencia* y siguen sugiriendo algo negativo. Otros términos relacionados también son de expresión negativa: no dañar, no lesionar o no matar. Estos términos pretenden completar la idea de violencia, identificando la violencia como daño o lesión, o más específicamente con la muerte. Estas aclaraciones son útiles. Una teoría de no dañar, por ejemplo, conecta con la idea central de la ética médica (y las de otros campos) de que primero debemos "no dañar". La no lesión es un término que nos hace pensar en la salud como su contrario: un órgano "no lesionado", por ejemplo, está saludable y funciona con normalidad. La expresión negativa implica que para ser libres de violencia o daño debemos, de alguna forma, escapar de o negar la violencia. Y, en efecto, como veremos, ha habido varias propuestas de cómo se puede conseguir eso.

Sin embargo, las complicaciones terminológicas no terminan aquí. La no violencia puede estar conectada con la "antiviolencia" o la "contraviolencia". La antiviolencia significa emprender acciones para oponerse a la violencia, como cuando se forman manifestaciones contra violaciones o contra la tenencia de armas. El movimiento que pretende reducir la violencia contra las mujeres sería un movimiento antiviolento, de la misma forma que lo sería un movimiento a favor del control de las armas. La "contraviolencia" suele referirse al uso de la violencia por parte de la policía o una "fuerza pacificadora" que emplea la violencia para prevenir o limitar la violencia. La teoría y la práctica de la no violencia es, en efecto, la antiviolencia. Pero en general, no pretende emplear la contraviolencia. En cambio, la teoría y la práctica no violenta busca limitar la violencia alejándose de ella. Busca centrarse en un amplio abanico de actividades no violentas: comer, dormir, hacer el amor, crear arte, investigar, reflexionar sobre filosofía. Pero "no violencia" no parece ilustrar lo que tenemos en mente cuando pensamos en las manifestaciones no violentas, que son acciones de un programa social y político para el cambio que implica el uso de la fuerza persuasiva y del poder coercitivo (pero no violento). Aun así, algunos de los métodos de las protestas sociales no violentas son, en esencia, no violentos. Estos son los métodos de no cooperación, entre ellos: no ir a trabajar o a la escuela, hacer boicot a empresas y a eventos, huelgas de celo, resistencia a los impuestos, entre otros. Estos métodos pueden ser muy eficaces cuando se emplean a gran escala y de forma estratégica. Cuando la gente trabaja ineficientemente, se niega a coger el autobús, deja de enarbolar banderas o cantar canciones patrióticas o, simplemente, deja de ir a trabajar o a la escuela, no hace nada violento. No es violento hincar la rodilla mientras suena el himno nacional, para citar un ejemplo reciente controvertido. Tampoco es violento decir que estás enfermo para no ir al trabajo. La protesta activa no violenta es más asertiva, como es el caso de las manifestaciones en masa, los piquetes y otras actividades públicas y simbólicas. La no cooperación no violenta es menos asertiva, pero también puede ser poderosa: hay un poder en el no hacer nada cuando, no haciendo nada, nos negamos a seguirle el juego al *status quo* y cuando en situaciones extremas nos negamos a cooperar con gobiernos injustos o con fuerzas de ocupación.

Los héroes de la no violencia van un paso más allá de simplemente no cooperar. Participan en la no violencia activa y en algunos casos en la desobediencia civil. Un paso más allá de la no cooperación nos lleva a la protesta activa pública: marchar en manifestaciones y en piquetes, escribir editoriales y hacer discursos públicos, etcétera. Un paso más allá que tiene lugar cuando los manifestantes se la juegan enfrentándose a la oposición violenta, en algunos casos incluso a la policía. Finalmente, el último paso para oponerse a la autoridad injusta es incumplir la ley y desafiar públicamente la legitimidad de la ley y de las autoridades. Ello crea un riesgo de represalias: los manifestantes no violentos pueden ser amenazados, encarcelados, apaleados, y cosas peores.

Las actividades no violentas suelen estar motivadas por una causa noble (aunque es posible imaginar que racistas u otros también puedan emplear las técnicas de la no violencia). Los héroes de la no violencia son celebrados por oponerse a la violencia, la injusticia y la opresión de forma activa y no violenta. Usan técnicas de acción organizada y deliberadamente no violenta para materializar el cambio. Es ese compromiso con la acción política no violenta orientada a fines moralmente loables que suele ser el foco de las discusiones sobre la no violencia. Celebramos a Gandhi y a King, por ejemplo, porque se sirvieron de acciones creativas no violentas para perseguir sus objetivos políticos y sociales, que incluían el fin del colonialismo, del racismo y de la injusticia.

Gandhi y King también fueron, como todos los humanos, no violentos la mayor parte del tiempo. Gandhi en especial hizo hincapié en una forma de vivir simple y no violenta, pero el mundo cotidiano de la simplicidad no violenta es menos glamuroso que las huelgas, marchas, boicots y ayunos públicos. Aun así, hay un continuo en estos conceptos y términos: la acción directa no violenta está relacionada con la no cooperación no violenta y con la vida simple; todo ello tiene relación con los movimientos antiviolencia e incluso con la contraviolencia de las fuerzas pacificadores.

La no violencia: ¿la raíz o la flor?

Dada esta complejidad terminológica, es fácil comprender que hay ambigüedades en la teoría y la práctica de la no violencia. En general, hay dos formas de entender el campo o esfera de la no violencia. Por un lado, puede ser que la no violencia sea algo que evoluciona de la violencia, que representa una etapa más de desarrollo que empieza con la violencia y supera esa fase. En este sentido, la no violencia puede verse como la flor que se desarrolla de una raíz de violencia. Por otro lado, puede ser que la no violencia sea una forma de pensar y actuar: con una raíz propia, una condición de base natural o primordial de la cual emerge la violencia como una enfermedad o defecto. En este sentido, la no violencia sería la categoría más fundamental, y la violencia aparecería como un tipo de parásito o crecimiento canceroso. Llamemos a estas concepciones la concepción positiva y la negativa de la no violencia y considerémoslas por separado:

1. No violencia negativa: la expresión negativa contenida en la negación de la violencia que vemos en la expresión "no violencia". Esta expresión señala a una interpretación del desarrollo de la no violencia, viéndolo como una flor que evoluciona de la base de la violencia. Esto es la no violencia como la renuncia a la violencia. Hay pruebas de que Gandhi veía la no violencia o *ahisma* de esta forma, como mínimo durante un tiempo. Una consideración en este respecto tiene que ver con el desarrollo psicológico y espiritual. La gente joven puede encontrarse en situaciones violentas, pero hay un sentimiento que nos indica que debemos alejarnos de eso a medida que nos desarrollamos. En una carta a su hijo Ramdas en 1918, un Gandhi anciano escribió que un hombre joven debe primero aprender a defenderse a sí mismo; *ahimsa* viene después. Desde esta perspectiva, la no violencia se entiende como un desarrollo moral o espiritual que corrige o refina la violencia, y que eventualmente lleva al rechazo de ejercer la capacidad básica de usar la violencia. Una forma de concebirlo es centrarse en la diferencia entre lo que podemos hacer y lo que tenemos el derecho de hacer. La no violencia empieza cuando se tiene el poder de usar la violencia, cuando se tiene el poder de destruir. Pero la no violencia renunciativa sostiene que incluso si tenemos ese poder, no debemos usarlo. Quizás esto se entiende como una idea propia de santos o supererogatoria: un nivel más alto de desarrollo moral y espiritual implica la renuncia a la violencia. O quizás hay una afirmación más amplia que sostiene que, en general, no tenemos derecho a usar la violencia. De todas formas, los defensores de la no violencia argumentarán que, como negación a actuar de forma violenta, refina y mejora la forma en que se emplea el poder. Aun así, para que la no violencia llegue como la flor de un desarrollo moral o espiritual más alto, debemos tener la capacidad original de actuar violentamente. Esto fue importante para Gandhi, quien no veía la no violencia como una mera conformidad en un estado de impotencia.

Los críticos de la no violencia suelen afirmar que es una forma débil y cobarde de rendirse ante los opresores que tienen más poder. Los críticos de la no violencia también argumentan que la violencia es una herramienta importante para demostrar el autorrespeto y para ganarse el respeto de los demás. Por ejemplo, imagínense una mujer que sufre violencia doméstica en manos de su marido dominante y opresivo. Algunos dirán que una mujer maltratada no solo tendría justificación al usar violencia contra su marido, sino que también tendría un sentimiento de autorrespeto al reivindicarse contra su opresor. Se puede argumentar de forma parecida en el caso de las minorías que sufren violencia y opresión y aquellos que sufren esclavismo, colonialismo y opresión política. Cuando el esclavo se levanta y se resiste violentamente a su amo, hay una ganancia en términos de poder y autorrespeto. Frederick Douglass nos proporciona un ejemplo memorable al narrar su resistencia violenta al señor Covey, el esclavista, la que le llevó de la "tumba del esclavismo" al "cielo de la libertad".

Gandhi reconoció esta necesidad de poder y de autorrespeto. Lo hizo al defender la necesidad de que la India se convirtiera en un país capaz de defenderse. Pero después, añadió que una vez la India estableciera su poder, debería superar el uso de ese poder y evolucionar hacia la no violencia. La renuncia a la violencia viene después de que se haya demostrado la capacidad de usarla. Esperaba que India construyera su capacidad de hacer la guerra y luego renunciara a ella. Afirmó: "Una nación que no está preparada para luchar no puede demostrar la virtud de no luchar. Con esto no quiero decir que la India deba luchar. Pero sí que la India debe saber cómo luchar. Ahimsa es la erradicación del deseo de lesionar o matar". Lo que llamo violencia negativa es la erradicación del deseo de usar violencia. Ello asume que antes de la no violencia existe realmente el deseo y la capacidad de matar/herir. Esta es la interpretación según la cual la no violencia es la flor que evoluciona de la raíz de la violencia.

2. No violencia positiva. Otra interpretación de la no violencia se centra en la no violencia como la raíz o la condición de base de un poder genuino, de afirmación vital y constructivo. Desde esta perspectiva, la no violencia es simplemente la forma de actuar de las gentes y las sociedades saludables: apoyan la vida, construyen relaciones, crean formas de vida con sentido. San Agustín lo afirmó en *La ciudad de Dios*. Según él, los animales salvajes y los humanos de forma natural quieren vivir en paz y armonía, lo cual sugiere que todos los seres vivos quieren la paz por naturaleza. En esta interpretación, la violencia es algo que perturba el orden normal o natural de las cosas. Este sentido afirmativo de la no violencia también podemos encontrarlo en escritos de Gandhi. Martin Luther King también habla claramente sobre esta idea en su análisis del poder afirmativo del amor. El amor, desde su punto de vista, es la fuerza creativa y edificante del universo. Podemos afirmar de forma teológica que el amor es la base de nuestro ser, la fuerza creadora del universo, o el poder que nos da ser. La idea que la paz y el amor son la condición previa de la realidad es compartida por un gran número de defensores de la no violencia. Thomas Merton, el místico cristiano, afirmó "según mi forma de pensar, es más natural, más acorde con la naturaleza del ser humano, no ser violento." En otro texto, Merton habla de la sabiduría descubierta en silencio y en soledad, que conduce a la "unidad central del Amor". Según Merton, "todas las palabras dicen solo una cosa: que todo es Amor". Esto significa que la violencia y el odio son deformaciones de esa realidad más fundamental, como un crecimiento canceroso o enfermedad proveniente de una raíz saludable. Las palabras de odio y los actos violentos son anomalías y deformaciones del poder original de unión del amor.

Llegamos ahora a temas teológicos, místicos y a cuestiones relacionadas con la realidad fundamental. Se podría añadir mucho más. Es posible que la no violencia sea la flor o la raíz, pero en general, lo importante es que la no violencia se entiende mejor en términos positivos como uso creativo y estratégico de la fuerza constructiva, y no como una abstinencia pasiva de la vida. La no violencia comprende un amplio abanico de acciones y comportamientos. Cuando relacionamos la no violencia con la abstinencia de violencia de la vida ordinaria, es fácil ver que la no violencia es mucho más amplia que la esfera de la violencia. Pero, como también veremos más adelante en este capítulo, la violencia tiende a atraer nuestra atención, de forma desproporcionada a su poder y alcance real. Esto ayuda a explicar por qué se suele pasar por alto e infravalorar a pesar de su ubicuidad.

El pacifismo y la paz

Los pacifistas son defensores de la no violencia. Sin embargo, algunos defensores de la no violencia se muestran reticentes a identificarse con el pacifismo. El término fue acuñado bastante recientemente: lo encontramos primero en los trabajos de Émile Arnaud, que empleó el término a principios del siglo XX en el contexto de una argumentación contraria a la guerra. Sin embargo, Gandhi y King tendieron a evitar ese término. Un problema es que "pacifismo" suena como "pasiv-ismo", lo cual lo hace parecer conforme, que no ofrece resistencia, de acuerdo con el *statu quo*. El pacifismo también se relaciona a veces con un absolutismo religioso extremo. A veces el pacifismo se entiende estrictamente como un rechazo de las guerras internacionales. Además, como la raíz de pacifismo es "paz", del latín *pax*, puede parecer que implica que la paz es lo único que importa. Pero los pacifistas suelen centrarse en una visión amplia de la paz que comprende la justicia y la verdad. Una situación que combina la justicia con la paz puede llamarse "paz positiva". Por otro lado, una situación en la que hay injusticia, pero no hay violencia evidente o directa, puede considerarse "paz negativa". Pocos pacifistas estarían dispuestos a intercambiar la justicia por la paz. La mayor parte de los pacifistas tienen en mente algo más amplio y positivo. Los defensores de la no violencia pueden tener una visión de una buena vida parecida a la visión de la paz positiva.

Pero la no violencia también puede entenderse como simplemente un método o estrategia de acción social y política. Algunos activistas no violentos rechazan la etiqueta del pacifismo porque creen que los estados tienen derecho a defenderse con la fuerza militar. La cuestión importante aquí es si la violencia en sus varias formas puede justificarse. Los filósofos distinguen, por ejemplo, entre el pacifismo absoluto y el pacifismo condicional, así como entre el pacifismo antiguerra, el pacifismo vocacional y el pacifismo personal. Este campo conceptual es complejo y enrevesado. Algunos filósofos han intentado aclararlo introduciendo nuevos términos. Robert Holmes introdujo el término "noviolentismo" (*nonviolentism*) para describir un compromiso con la no violencia que se distingue del pacifismo. Holmes y otros también han intentado distinguir entre el "pacifismo" (como compromiso activo con la paz positiva) y el "pacific-ismo" (como término exclusivo centrado en las posiciones contrarias a la guerra). Estas distinciones no han tenido mucho éxito entre los activistas y el público en general. Esta terminología es una convención filosófica. Las etiquetas no son una preocupación importante de los activistas que participan en acciones no violentas, y estas distinciones son difíciles de aplicar al mundo real.

La no violencia como la fuerza constructiva de amor, verdad y justicia

La violencia puede definirse como el uso deliberado de fuerza destructiva. Una definición de no violencia puede limitarse a negar esta definición. La no violencia es aquello que no es deliberadamente destructivo. Pero eso no significa que la no violencia sea destrucción no delibrada. La destrucción negligente debe remediarse y evitarse. El núcleo de la no violencia es lo opuesto a la fuerza destructiva. Es la destrucción la que importa más, en especial cuando se combina con la falta de consentimiento, y esas violaciones de la autonomía que llamamos daño o lesión. Los defensores de la no violencia sostienen que está mal lesionar, dañar y usar deliberadamente la fuerza destructiva contra alguien para hacerles daño. Los partidarios de la no violencia afirman que la violencia está mal porque es dañina y lesiva.

Hasta aquí, bien. Sin embargo, aún tenemos una expresión negativa de la no violencia como una "fuerza no destructiva". Vayamos más allá y consideremos qué es lo opuesto a una fuerza destructiva. Destrucción tiene un antónimo claro: construcción. Y aquí empezamos a ver los valores positivos defendidos en la no violencia. Los partidarios de la no violencia quieren cambiar el mundo de forma constructiva. Aquí descubrimos una definición útil de la no violencia como el uso estratégico de la fuerza constructiva.

Tenemos muchos ejemplos de fuerza constructiva. Los defensores de la no violencia han hecho hincapié en tres conceptos importantes: amor, verdad y justicia. Estos tres conceptos son ideas constructivas y positivas. Para definir la no violencia en términos positivos podemos decir que la no violencia es el desarrollo del poder del amor, la verdad y la justicia. Actuar de forma no violenta es actuar con amor, honestidad y de forma justa. Incluso podemos añadir que la paz es una condición en la cual el amor, la verdad y la justicia se materializan. Consideremos cada uno de estos valores por separado.

A. La no violencia es amorosa. El amor es un concepto amplio y complicado que comprende: amor romántico o erótico (lo que los griegos llamaban *eros*), el amor que existe entre amigos (lo que los griegos llamaban *filia*), el amor a las ideas, al país, a la sabiduría (la traducción literal del término griego filo-sofía) y el amor a Dios e imparcial o ético (lo que los teólogos llaman *agape*). En todos estos ejemplos, el amor es algo positivo, alentador y poderoso. El amor construye. Nos ayuda a crear y a participar en algo mayor que nosotros mismos. El amor no es débil o apático. El amor inspira y energiza. Nos da fuerza, vigor y resistencia. Y aunque el amor a veces se ve como algo "blando", su blandura contiene un centro interno de firmeza y fuerza, no de dureza o frialdad, sino de lealtad asertiva, fidelidad afirmativa y constancia esperanzada. El contrario del amor es el odio. El odio también es poderoso, pero en vez de construir, el odio destruye. El odio puede energizar y dar fuerza. Pero la fuerza y poder del odio son fríos, duros, malos y vengativos. El odio está relacionado con la violencia, porque el objetivo del odio es dañar, lesionar y destruir. Pero el amor es primordial en la no violencia, ya que su objetivo es nutrir, construir y crear. Y, de hecho, el amor se ha celebrado desde hace tiempo como la clave de la no violencia. Entre los primeros ejemplos encontramos el mandamiento del Antiguo Testamento de amar al prójimo como a uno mismo, el cual Jesús extendió a "amar a nuestros enemigos" en el Sermón de la montaña. Martin Luther King lo explicó en *Peregrinación hacia la no violencia*, donde afirmó que "el resistente no violento no solo se niega a disparar a su oponente, también se niega a odiarle. En el núcleo de la no violencia encontramos el principio del amor". King explica que llegó a entenderlo después de estudiar a Gandhi, cuyo movimiento se basaba en la idea de *satyagraha*, un concepto que Gandhi entendía como tanto "la fuerza del amor" como "la fuerza de la verdad". Gandhi explicó su idea de *satyagraha* como "la fuerza nacida de la verdad y del amor, o la no violencia". Por supuesto, el amor es un concepto amplio y complejo. Aunque puede parecer que el amor nos pide que nos sacrifiquemos por el otro o que implique una obsesión romántica con el otro, también hay un amor ético basado en la reciprocidad y la igualdad. Si "amor" suena demasiado elevado, podemos pensar en términos como solidaridad, que es otra forma de entender el concepto de "amor fraternal". Una forma de entender el amor fraternal es pensar en términos de responsabilidad: amar al prójimo es tomar responsabilidad por su bienestar. La solidaridad, reciprocidad, igualdad y responsabilidad son preocupaciones importantes de la política moderna liberal-democrática.

B. La no violencia es honesta. La idea gandhiana de *satyagraha*, que se traduce como "fuerza del amor" y "fuerza de la verdad", nos demuestra la conexión entre el amor y la verdad. El amor debe basarse en la verdad de las cosas. Un amor (o una lealtad, un compromiso o un patriotismo) que se basa en mentiras es inestable, fugaz y mitológico. Las estructuras personales, sociales y políticas basadas en falsedades requieren violencia, amenazas y más mentiras para mantenerse en pie. Al igual que el amor, la verdad es amplia, inclusiva y complicada. La verdad puede definirse como la correspondencia con la realidad objetiva, así como la coherencia dentro de una red de creencias. Para que algo sea verdadero, debe estar conectado a la realidad. También debe ser coherente, tener sentido, y también significado. La no violencia sostiene que la verdad es constructiva. Si bien algunas afirmaciones verdaderas pueden parecer malas y destructivas (por ejemplo, insultos que son veraces), a la larga, la verdad construye y reconcilia. Por ejemplo, es honesto señalar al racismo y al machismo, y afirmar que ambos están basados en falsedades, estereotipos y sesgos injustificados. Aunque pueda parecer destructivo decir que alguna persona o institución es racista o machista, el objetivo de decir la verdad sobre ellos no es destructivo. Al contrario, su objetivo constructivo es transformar el mundo. El objetivo es eliminar las mentiras dañinas y reemplazarlas por la verdad. Al basarse en la verdad y en una visión del mundo con sentido, la acción honesta es estable, duradera e inspiradora. La verdad, en esta concepción, no es estática ni aburrida. Al contrario, la verdad crece mientras creamos nuevas ideas, relaciones y significados. La falsedad, que es el contrario de la verdad, también puede crecer. Las mentiras se construyen sobre mentiras. Se puede desarrollar toda una red de propaganda y mentiras. Pero como en el cuento del traje nuevo del emperador, al final, un crítico con sentido común señalará la red de mentiras basadas en delgados hilos de irrealidad, sandeces, prejuicios y estereotipos llenos de odio. Esto, por ejemplo, es lo que Vaclav Havel quería decir cuando habló de "vivir en la verdad" como una de las formas no violentas con las que se resiste y se debilita el totalitarismo. Havel afirmó "Si el pilar principal del sistema es vivir una mentira, entonces no resulta sorprendente que la amenaza fundamental sea vivir la verdad". Si bien los regímenes totalitarios de los que habla Havel suponen una amenaza violenta a la verdad y a los que explican la verdad, los sistemas políticos liberal-democráticos pretenden proteger la verdad de la represión violenta mediante la protección de la libertad de expresión y de conciencia. Una forma de describir este ideal ha sido el mercado libre de las ideas. La metáfora del mercado nos proporciona una imagen no violenta de cómo debe funcionar la verdad. La verdad no requiere violencia para mantenerse. En cambio, la verdad, como expresaron Locke y Jefferson, se las arreglaría bien si la dejaran sola.

C. La no violencia es justa. La mentira y la falsedad están relacionadas con la injusticia. Havel señala que las sociedades totalitarias y autoritarias crean una ilusión de justicia. La injusticia se basa en redes de mentiras y de violencia estructural conocidas como racismo, machismo, supremacía europea, etcétera. Lo que tienen en común estas ideologías es que no tratan a la gente de forma justa ni respetan la dignidad de las personas. La justicia se centra en el trato justo y el respeto igual a la dignidad humana. Es fácil entender por qué la justicia requiere no violencia: dañar o lesionar deliberadamente a alguien implica una falta de respeto o un trato injusto. A veces puede parecer que la justicia requiere violencia. La idea tradicional de la justicia retributiva (*lex talionis*) afirma que podemos pagar el mal con el mal, daño con daño, ojo por ojo, diente por diente, y una vida por otra. Jesús, Sócrates y otros defensores de la no violencia han rechazado esta idea. Uno de los motivos para rechazar la *lex talionis* es que concibe la justicia como una compensación de la fuerza destructiva. Pero la visión constructiva de la justicia nos ofrece algo distinto. Quiere construir, reparar, restaurar y revitalizar. En vez de buscar venganza por daños pasados, mira hacia delante y persigue crear un mundo de respeto, dignidad y justicia. La alternativa no violenta a la justicia retributiva se llama justicia restauradora. Esta justicia no niega los hechos de las fechorías pasadas (la verdad sigue siendo un valor importante), pero en vez de buscar retribuciones, la justicia restaurativa quiere reconciliar a los adversarios y construir una nueva comunidad. Uno de los grandes representantes de la justicia restauradora, la reconciliación y el perdón es el arzobispo anglicano Desmond Tutu, que trabajó para sanar a la sociedad sudafricana después del racismo, la violencia y la opresión del apartheid. Tutu expresa esta idea de forma simple, afirmando que "no hay futuro sin perdón". Conecta su ideal de justicia restauradora con el valor africano de *ubuntu*, así como con la forma en que la tradición cristiana relaciona la justicia con la misericordia. Tutu explica "En el espíritu de *ubuntu*, la preocupación principal es sanar los incumplimientos, corregir los desequilibrios, restaurar las relaciones rotas, intentando rehabilitar tanto a la víctima como al infractor, a quién debemos dar la oportunidad de reintegrarse a la comunidad que ha herido". Esta idea de comunidad equilibrada e integrada también es una preocupación principal de los sistemas gubernamentales liberal democráticos, en los que la igualdad de las personas está codificada en las leyes y garantiza una protección igual ante la ley, y están diseñados para garantizar el trato justo y la igualdad.

La no violencia es mayor que la violencia

Si aceptamos la definición básica de la no violencia como fuerza constructiva, resulta fácil ver que la no violencia es un concepto amplio e inclusivo. El amor, la justicia y la verdad son también conceptos expansivos. El objetivo de la no violencia es construir, crecer, y alimentar. Mira hacia el futuro. Es generosa y creativa, pero también insistente y ubicua. La violencia, en cambio, es angosta, embrutecedora, centrada en el pasado y episódica.

Para comprender mi punto de vista, consideren la cuestión de la condición de base de la vida humana. La existencia humana se genera con el acto del amor erótico. Se alimenta con el amor maternal y paternal. Crece y se desarrolla con la amistad, las relaciones sociales, y dentro de una realidad política más grande caracterizada por el "amor fraternal". Normalmente todo ello tiene lugar sin violencia. Está claro que la cuestión de qué se considera "normal" es una cuestión normativa que nos pide que consideremos valores, propósitos, y una teoría de fondo sobre la naturaleza humana. Algunos han descrito el estado natural como un estado de guerra (Thomas Hobbes, por ejemplo). Pero desde el punto de vista de la tradición de la no violencia, la guerra es una aberración y los estallidos de violencia son excepciones que ocurren en un fondo de vida social no violenta. En este punto encontramos cuestiones profundas, tanto sobre la realidad empírica (si la mejor forma de describir la vida social es como no violenta) y sobre los propósitos humanos y la experiencia óptima (si la violencia y la guerra nos proporcionan una experiencia álgida o bien si son el amor, la paz y la verdad los que nos proporcionan este tipo de experiencias). No se llega a un acuerdo sobre estas cuestiones, pero la tradición de la no violencia insiste en que la vida social, en términos empíricos, es en su mayor parte no violenta y que las mejores experiencias y relaciones, en términos normativos, tienen lugar en el marco de la actividad no violenta.

Consideren la guerra, por ejemplo, como el mayor y el más atroz caso de violencia. Si bien algunas guerras duran largos periodos te tiempo, las guerras surgen de una condición de base de paz y finalizan con un retorno a la paz. Consideren ahora aquellos quienes celebran la violencia y la guerra y las ven como una oportunidad de poner a prueba su virtud y sus armas. No se puede negar que, como afirmó Chris Hedges, *La guerra es una fuerza que nos da sentido*, pero la tradición de la no violencia no celebra las virtudes de la guerra, sosteniendo que hay mejores formas de encontrar sentido y de desarrollar las virtudes. Puede ser que la violencia sea justificable como último recurso, como respuesta a la agresión (y limitada de otras formas por lo que se conoce como la "teoría de la guerra justa"). Sin embargo, el objetivo de la teoría de la guerra justa no es estar continuamente en guerra. Como afirmó San Agustín, uno de los primeros pensadores de la tradición de la guerra, en un fragmento citado con aprobación por Santo Tomás de Aquino, "No buscamos la paz para estar en guerra, sino que vamos a la guerra para poder vivir en paz". Aristóteles afirmó de forma similar "hacemos la guerra para poder vivir en paz". En vez de celebrar la guerra, la teoría de la guerra justa se propone minimizar la guerra y prefiere la resolución no violenta de conflictos a la guerra. Son estas estrategias y técnicas de resolución no violenta de conflictos que conforman el núcleo de la no violencia.

Encontramos muchas estrategias de resolución no violenta de conflictos. De hecho, dichas técnicas son las de la vida social ordinaria y las de la política democrática. En nuestras vidas, durante la mayor parte del tiempo participamos en actividades no violentas, entre ellas la resolución no violenta de conflictos. Aquí debemos hacer hincapié en que la no violencia no presume que no habrá conflictos o desacuerdos. Una teoría utópica y simple de la paz puede buscar un mundo en el que no haya conflicto. Pero en la vida social hay conflictos. Los conflictos generan descubrimiento y cambio. La tradición de la no violencia no se opone al conflicto, pero sí al conflicto violento. Y, en efecto, al pensar en las estrategias para la resolución no violenta de conflictos, es fácil ver que estas estrategias son amplias y creativas. La violencia es más angosta. En su forma más despiadada, la violencia simplemente elimina el conflicto destruyendo al otro que lo genera. La violencia no se limita a destruir directamente, la violencia silencia, confina y restringe la oposición y el conflicto: con amenazas, prisiones, gulags y opresión social. La no violencia es menos restrictiva. Si la violencia pretende resolver los conflictos tamizando la libertad y limitando la acción de los enemigos y los opositores, la no violencia es más permisiva. En vez de eliminar al rival, la no violencia quiere encontrar maneras de colaborar con el otro y cambiar las condiciones para que pueda haber crecimiento, desarrollo y beneficio mutuo.

Tendremos que añadir más sobre cómo ocurre esto (y los límites de la resolución no violenta de los conflictos), pero ahora busquemos otra clave de la "grandeza" de la no violencia en un fragmento de Platón, quien afirmó lo siguiente: "es la paz en la que cada uno de nosotros debe pasar la mayor parte de su vida y de la mejor manera". En este pasaje, Platón sugiere que los beneficios de la no violencia son más humanos, más amplios e importantes que la violencia o la guerra. Es la no violencia la que nos permite crear arte, descubrir el amor, y hacer ciencia. La no violencia abre espacio para la educación, el juego, el amor y la conversación. Las relaciones familiares y de amistad se construyen a base de no violencia; o deberían, a no ser que estén perturbadas por violencia doméstica y abusos. Las relaciones laborales y las redes sociales se construyen sobre la no violencia; o deberían, a no ser que estén perturbadas por acoso laboral y comportamientos antisociales. Y las relaciones políticas y las vidas de los ciudadanos bajo el imperio de la ley son básicamente no violentas, a excepción de aquellos estallidos de violencia que llamamos delincuencia.

Afirmar que la no violencia es mayor que la violencia es afirmar que las condiciones normales, naturales y predominantes de la vida humana son no violentas. Afirmar que la no violencia es mejor es afirmar que los humanos florecemos en condiciones no violentas.

¿Qué es la violencia?

Todas estas descripciones del poder de la no violencia emplean el contraste con la violencia, pero la violencia es un concepto complejo y difícil de identificar. Por un lado, la violencia tiene que ver con el vigor y la vehemencia de una acción. Por otro lado, la violencia tiene que ver con el daño y la violación. En otras obras he definido la violencia como "el uso deliberado de la fuerza destructiva". Michael Nagler ha propuesto una definición parecida, siguiendo el trabajo de Johan Galtung: la violencia es "un insulto evitable a las necesidades humanas". La definición de Nagler/Galtung pretende permitirnos incluir lo que a menudo llamamos "violencia estructural", que es la violencia que se produce a causa de estructuras sistémicas e institucionales, como el racismo, la pobreza, etcétera. Pero vean como si empleamos el término violencia para referirnos a estas cuestiones estructurales, la violencia se separa de la noción de vehemencia o vigor: la pobreza resiste y mata poco a poco. La pobreza no es como un ataque con cuchillo, un disparo de pistola o un estallido. Mi definición, uso deliberado de fuerza destructiva, no es tan abiertamente inclusiva. Pero creo que refleja mejor el sentido con el que usamos la palabra violencia de forma ordinaria, que no hace referencia a lesiones evitables, sino a daños deliberados que involucran algún tipo de inmediatez y voluntad. Si queremos usar el término "violencia" para referirnos a las cuestiones estructurales y lo que podemos llamar "violencia lenta", deberíamos admitir que es una extensión de lo que se suele entender con el término violencia, que es normalmente episódica, rápida y vehemente. La idea de "violencia lenta" la ha explicado, por ejemplo, Rob Nixon, que escribe: "con violencia lenta me refiero a violencia que ocurre de forma gradual y sin ser vista, una violencia de destrucción retrasada que se dispersa en el tiempo y el espacio… La violencia se concibe habitualmente como un acontecimiento o acción inmediato en el tiempo, explosivo y espectacular en el espacio, y que estalla en una visibilidad instantánea sensible."

La definición de violencia lenta de Nixon se deriva de un sentido más original de la violencia como algo explosivo, inmediato, visible, perceptible y espectacular. La violencia estructural no es ni sensible ni espectacular, de alguna forma, es invisible. La violencia invisible, lenta y estructural es dañina y merece ser considerada de forma seria. Pero centrarnos en este tipo de violencia nos dificulta entender la no violencia. No es que la no violencia sea visible, rápida o episódica (que es lo que sería si la no violencia se entendiera en oposición con la violencia lenta/estructural). En efecto, la no violencia suele ser más lenta, menos visible y más sostenida que el típico estallido de violencia episódica. La no violencia suele aspirar al cambio estructural y no es meramente una explosión rápida de energía. En efecto, puede que un sentido del término no violencia tenga que ver con este esfuerzo lento y sostenido. Las estrategias de no cooperación, manifestaciones, marchas y boicots requieren un esfuerzo sostenido que sea lento y firme. Sin embargo, esto no significa que estas estrategias no puedan ser activas, energéticas y vehementes. Aun así, la cuestión es que las estrategias no violentas no son meramente estallidos episódicos de energía.

Consideremos ahora otras formas en que la definición de violencia como el uso deliberado de la fuerza destructiva nos permite centrar nuestra reflexión sobre la no violencia. Primero, como esta definición de violencia se centra en el uso deliberado de la fuerza destructiva, se descarta la destrucción accidental. Un marido puede mover la mano de forma que se le cae un diente a la mujer. Se llama "puñetazo" cuando el movimiento es deliberado, y normalmente entendemos que es violento, en este caso, se llama violencia doméstica. Pero si, bailando, un marido extiende la mano y le da a la mujer en la boca, esto no es realmente un puñetazo. De hecho, también sería problemático afirmar que esta acción es "pegar" a la otra persona. Pegar parece implicar intención. Quizás deberíamos llamarlo contacto accidental. En todo caso, no diríamos que el contacto accidental en la clase de baile fue violento, en el sentido de acción deliberada.

Con esto en mente, nuestra definición de violencia también descarta tormentas y terremotos. Un huracán puede ser bastante destructivo, pero esa destrucción no es causada de forma deliberada. Cuando usamos "violencia" de esta forma para describir sucesos no deliberados, es una extensión metafórica de la palabra que se centra en el vigor, el poder o la vehemencia del hecho. Noten también que, al incluir la idea de acción deliberada, también es posible atribuir la culpa y hablar de responsabilidad. Esta intencionalidad también nos abre la puerta al juicio moral. Es incorrecto que un marido de un puñetazo a su mujer. Pero el contacto accidental en la clase de baile no era incorrecto desde el punto de vista moral: no era intencionado, el marido no quería que pasara y el marido no es responsable desde el punto de vista moral por el hecho (aunque pueda ser negligente o irresponsable en otro sentido).

Ahora consideremos la segunda parte de la definición, que se centra en la fuerza destructiva. Esta parte comprende la cuestión de la vehemencia y el vigor, así como un tipo diferente de juicio moral. Si bien una fuerza suficientemente intensa como para que se caiga un diente es violenta, el roce de una mano en los labios de otra persona no es violento. Uno de los factores a tener en cuenta es el poder o la contundencia de la acción. Otro factor es el resultado, si es destructivo o no. Consideren otro caso: cuando un dentista saca un diente. Podemos imaginarnos un dentista malo sacando un diente de forma violenta (digamos que el dentista te secuestra y te saca el diente en contra de tu voluntad). Pero la odontología no es violenta si da su consentimiento a que le extraigan un diente y si usted (y el dentista) considera que la extracción del diente es beneficiosa para usted. La cuestión del consentimiento, así como el beneficio o el daño, deben enfatizarse. La violencia, entendida como un tipo de violación, tiene lugar cuando el uso de la fuerza es sin consentimiento y cuando la fuerza es destructiva o dañina. En este sentido, la violencia es un tipo de lesión, daño o delito (algo contra nuestra voluntad, que transgrede nuestra autonomía o sentido de identidad y nos daña.

Las cuestiones del consentimiento y del beneficio nos muestran una conexión con la teoría social y política democrática. La teoría del gobierno democrático afirma que la autoridad gubernamental se sustenta en el consentimiento de los gobernados y que los estados se establecen para proporcionar bienestar común. Esto puede expresarse en términos de un contrato social acordado de forma no violenta. Y si bien se dice que los gobiernos poseen el monopolio del uso de la violencia en una determinada área geográfica, la idea básica del contrato social es que el poder del gobierno no debe basarse en la violencia, amenaza de violencia o coerción física, sino en el consentimiento dado libremente por los sujetos al poder de ese gobierno. Como lo expresaron Ackerman y DuVall, "el poder real deriva del consentimiento de aquellos a quién controlaría, y no de la amenaza de violencia sobre ellos". Es cierto que la violencia y la coerción pueden producir un poder político sólido. Los efectos de la violencia son obvios: aquellos que son amenazados cambiarán su comportamiento. Pero el poder coercitivo de la violencia afecta a los cuerpos y no a los procesos de pensamiento racional de las personas, la mente o el espíritu, aunque hay algún tipo de racionalidad primitiva animal en las amenazas de violencia y en evitarla. En un sistema democrático, no es el miedo, la coerción y la violencia que nos deben mover, sino una creencia compartida en la legitimidad de la autoridad gubernamental basada en nuestra creencia de que el gobierno defiende nuestros derechos y nos beneficia.

Todo este sistema puede criticarse. Los anarquistas han señalado varias veces que en realidad los estados se basan en la violencia y que su poder se mantiene con la violencia o la amenaza de violencia, lo cual no es ni justificable ni beneficioso. Volveremos a hablar del anarquismo en el último capítulo. Pero el ideal de la teoría democrática es el de un estado cuyo poder no es dañino ni explotador: el estado democrático debe basarse en el consentimiento y no en la violencia o la amenaza de violencia.

Otra crítica preguntaría sobre el poder coercitivo de la no violencia. Cuando la gente participa en boicots o huelgas o campañas de desobediencia civil, hay un cierto grado de coerción. Los participantes esperan que sus acciones tengan alguna consecuencia. Intentan manipular el comportamiento de su oponente y forzar un cambio. Tal vez la no violencia no es tan distinta a la violencia, a fin de cuentas. Los defensores de la no violencia insistirán en que la no violencia queda lejos de causar daños físicos. Sin embargo, los boicots pueden dañar a la gente, causando lo que se conoce como "daños colaterales". En efecto, suelen ser las personas inocentes las que son más afectadas por los boicots. En los boicots nacionales a empresas, es menos probable que los gerentes y los accionistas sufran daños que los asalariados. En la arena internacional, las élites ricas raramente sufren tanto los boicots como la clase trabajadora y los pobres.

Tal vez debamos admitir que en realidad hay un continuo, que no hay una línea precisa que distinga la no violencia de la violencia. Los daños a la propiedad, el vandalismo y el sabotaje están en medio de este continuo. Por una parte, lanzar un cohete a una ciudad poblada es obviamente un acto violento, y ha pasado, por ejemplo, en el conflicto entre Palestina e Israel. Pero no es claramente violento pintar un grafiti antisemita en el muro de la frontera o sabotearla, digamos lanzando una cometa incendiaria al muro, como también ha ocurrido. Puede haber diferentes opiniones sobre estos casos, pero el hecho de que haya un continuo no significa que no sea posible distinguir entre casos obvios que implican diferencias claras.

En los años setenta, Barbara Deming propuso una teoría de coerción no violenta como respuesta a este tipo de problema conceptual. Afirmó que es posible emplear una fuerza coercitiva significativa, sin dejar el campo de la no violencia. La idea central de su teoría es que uno puede ejercer fuerza de forma no violenta siempre que evite lesionar al otro. Interponerse a algo, digamos bloqueando un edificio o parando el tráfico es usar la fuerza física. Sin embargo, el objetivo no es lesionar el oponente sino frustrarle. Según la visión de Deming, "es posible frustrar la acción de alguien sin lesionarle". Deming admite que aquellos afectados pueden "sentir" que han sido lesionados. Pero ella afirma que no es verdad, especialmente si aquellos cuyos intereses se ven frustrados son responsables de violencia o injusticia. Puede frustrar a un responsable de violencia resistirse a la violencia; pero interferir o evitar la violencia no es violento en sí mismo, y tampoco es interferir ni resistirse a la injusticia misma injusto. Aquí podemos ver que también hay un continuo que conecta la no violencia con la violencia en defensa propia o de otros. Si bien muchos rectos defensores de la no violencia (por ejemplo, los pacifistas absolutos) son reacios a admitir la posibilidad de la violencia empleada en defensa propia, estos actos pueden describirse como otra forma de frustrar al perpetrador de la violencia. La cuestión de la defensa propia abre una serie de cuestiones complicadas, pero la finalidad de considerar la posibilidad de justificar la violencia en defensa propia no es celebrar la violencia y así "vencer" al pacifismo. El objetivo es demostrar que hay un continuo que comprende la coerción no violenta y la resistencia activa a la violencia, así como la posibilidad de violencia en defensa propia en emergencias extremas.

De hecho, el problema de emplear la violencia en defensa propia es el mismo problema de la violencia en general: asume que al matar a alguien o superarle en una pelea física, hemos completado nuestra tarea. Pero la no violencia suele buscar algo más, no solo destruir o vencer al enemigo sino construir algo mejor. El objetivo de la coerción no violenta y las estrategias de no cooperación e interferencia no es meramente la coerción sino también la persuasión y la conversión. Esto nos demuestra una diferencia importante entre la violencia y la no violencia. La violencia es contenido con poder coercitivo. En la guerra, el objetivo es matar al enemigo y forzarlo a someterse. Pero en una lucha no violenta, el sometimiento del enemigo, si lo llamamos así, normalmente debe llevar más allá: a la justicia, reconciliación y al crecimiento. Quizás incluso al desarrollo de lo que King llamó "la comunidad amada".

Vayamos a indagar más sobre la fuerza destructiva y el juicio moral que le corresponde. Afirmar que algo es destructivo parece ser un juicio negativo. Normalmente la destrucción tiene connotaciones negativas. Cuando afirmamos que la guerra es destructiva sabemos qué significa, de la misma forma que tiene sentido decir que un marido maltratador emplea fuerza destructiva contra su mujer. De todos modos, a veces la destrucción forma parte de la construcción y, en otros casos, parece ser que la destrucción es justificable y no es negativa. Los edificios antiguos peligrosos deben demolerse para poder construir nuevos edificios seguros. Los hierbajos deben destruirse para cultivar plantaciones. Y los dientes con caries deben destruirse para promover la salud dental. Parece ser que la idea de fuerza destructiva es compleja desde el punto de vista moral. ¿Tiene sentido afirmar que los hierbajos deben ser "destruidos", por ejemplo? Normalmente afirmamos que los hierbajos deben arrancarse, cortarse, o quitarse. Claro, desde el punto de vista de los hierbajos, este acto es claramente destructivo. Esto puede llevarnos a pensar que, de algún modo, la violencia está en los ojos de quien la observa: el jardinero no cree que está siendo violento, pero puede que los hierbajos no estén de acuerdo. En efecto, los hierbajos de una persona pueden ser la flor de otra.

Este ejemplo es un poco tonto. Pero consideremos afecta la perspectiva en argumentos sobre el aborto, la eutanasia y el trato a los animales. Algunos piensan que el aborto es violento porque destruye un feto; pero los defensores del derecho a elegir de la mujer están en desacuerdo con esta descripción. La eutanasia, digamos en el caso de desenchufar a una persona con muerte cerebral y permitirle morir, puede parecer que destruya una vida humana, pero tal vez una persona con muerte cerebral "ya no está" y no es dañada ni destruida en este proceso. Los vegetarianos ven el hecho de comer carne como destructivo y violento, pero los que comen carne están en desacuerdo. La cuestión de qué cuenta como violencia y destrucción abre una variedad de consideraciones, entre ellas quién o qué cuenta en términos de estatus moral (quién es un "paciente moral", como lo expresan los filósofos) y si hay un estándar universal y objetivo que nos pueda ayudar a evaluar este tipo de casos.

Pero apartemos ahora estas cuestiones éticas profundas y volvamos al mundo del sentido común ordinario. Desde el punto de vista del sentido común, normalmente no sentimos que necesitamos justificación para quitar un hierbajo. Pero podemos necesitar una justificación para derribar un edificio antiguo (digamos, por ejemplo, un monumento histórico). Y, desde luego, necesitamos justificación para usar la fuerza destructiva de la guerra. Si es verdad que algunos tipos de fuerza destructiva pueden justificarse, podemos pensar que este tipo de fuerza justificada no es violenta. Pero puede que sea mejor afirmar que si bien la violencia normalmente está mal, puede haber casos en los que esté justificada. Los pacifistas absolutos rechazan esta idea, pero algunos defensores de la no violencia pueden aceptar que la violencia pueda ser justificada, al mismo tiempo que sostienen que esos casos son raros y que la no violencia sigue siendo el medio preferido para cambiar el mundo.

La violencia espectacular y la violencia atmosférica

A menudo se ignora el poder de la no violencia, lo cual hace parecer que la no violencia es débil y poco eficaz. Uno de los motivos por los que lo vemos así es porque la violencia atrae nuestra atención. Los actos espectaculares de violencia destacan sobre el fondo de la vida ordinaria que es, de hecho, mayormente no violenta. Podemos definir "violencia espectacular" como un acto de violencia que atrae nuestra atención. La violencia espectacular es algo que notamos, de la misma forma que notamos el humo de un incendio subiendo hacia el cielo. Pero la violencia también puede ser difusa y extenderse de manera invisible a través de la atmósfera. Esta forma difusa de violencia se ha denominado "violencia estructural", "violencia institucional", "violencia sistémica" y "violencia cultural", siguiendo la obra de Johan Galtung. Más recientemente, Andrew Fitz-Gibbon ha empleado una distinción entre formas de violencia primarias, secundarias y terciarias, de forma en que se distingue el daño físico, el psicológico y el social/cultural. Estos conceptos y distinciones son útiles pero, como he mencionado más arriba, mi definición de violencia como uso deliberado de la fuerza destructiva no nos induce a la idea de la violencia estructural y cultural, ya que las estructuras, sistemas e instituciones que causan la "violencia estructural" no comprenden las decisiones deliberadas de una persona en concreto. Sin embargo, quedan cuestiones a analizar sobre estos conceptos: Johan Galtung acuñó los términos "violencia estructural" y "violencia cultural"; pero Kenneth Boulding sugirió que estos términos son una mera metáfora. Pero las metáforas son útiles. Al usar el término "violencia" para describir sistemas sociales que acaban hiriendo a las personas, nuestra imaginación se despierta: empezamos a darnos cuenta de que está pasando algo. Sin embargo, esto también puede generar confusión, ya que no sabemos quiénes son los responsables de esta violencia, ni cuáles son sus intenciones o qué podemos hacer exactamente para prevenir o mitigar estos daños. Aun así, los conceptos de violencia estructural e institucional se han establecido en la teoría y la práctica de la no violencia y en la teoría de la paz. De todos modos, yo sugiero que hagamos uso de otra metáfora también: "violencia atmosférica". Este concepto se insinúa en la obra de Frantz Fanon. Este autor escribe que bajo el colonialismo, la atmósfera de violencia huele a "pólvora" y que la violencia "penetra bajo la piel". La violencia cultural y estructural, la olemos más que la vemos. La violencia atmosférica contamina la atmósfera y cambia nuestro comportamiento, mientras también favorece las condiciones que llevan a la violencia directa y abierta.

Como decía, estamos usando lenguaje metafórico, así que vayamos a concretar un poco más. Los actos de violencia espectacular son momentos que alteran un fondo no violento. Un acontecimiento social agradable se desarrolla sin violencia; y de repente estalla una pelea. Los que están reunidos dirigirán su atención a la violencia: la notarán. El acto perturbador de violencia será recordado, mientras que el fondo no violento seguramente será olvidado. De esta misma forma ocurren la violencia doméstica, los ataques terroristas y la guerra. Estos actos de violencia surgen en un contexto no violento, pero como son espectaculares y llamativos, los notamos y los recordamos. La violencia atmosférica no se nota de esta forma. De hecho, puede que no sea visible en absoluto, hasta que un experto empieza a medir la situación con instrumentos especializados, como las tasas de encarcelación, de suicidio, de pobreza, riqueza, ingresos, etcétera.

El fenómeno de la violencia espectacular (el hecho de por qué nos damos cuenta y nos acordamos) ayuda a explicar por qué los espectáculos de violencia son el centro de la historia, el periodismo y el arte. Los historiadores se suelen centrar en las guerras, asesinatos y revoluciones porque destacan sobre el fondo de la vida cotidiana. Pocos historiadores se molestan en escribir sobre el mundo cotidiano de las acciones no violentas. En efecto, la disciplina de historia en el mundo occidental se remonta a Tucídides, quien nos proporcionó el primer ejemplo real de escrito histórico en su historia de la guerra del Peloponeso. Claro, Tucídides no fue el primero en escribir sobre la guerra. Antes de él, la poesía épica de Homero celebraba la violencia de la guerra de Troya. Asimismo, las páginas de la Biblia están llenas de violencia y guerra: desde Caín que mató a Abel, pasando por la matanza triunfal de Josué en Tierra Santa, hasta la batalla final de Armagedón. Hay algo en el hecho de contar una historia que parece funcionar bien con la violencia espectacular. La violencia espectacular es lo que pasa: la violencia es un acontecimiento en un contexto no violento. La no violencia no pasa como acontecimiento, es lenta y acumulativa. La no violencia forma parte del contexto de normalidad en el cual surge un acontecimiento violento. Cuando pasa un día, o un año o una vida en paz, puede parecer que no haya mucho que contar: la narrativa busca la violencia como materia del argumento. Por ello los periodistas se centran en la delincuencia y la guerra, y por ello las películas y series de televisión suelen mostrar guerra, terrorismo, asesinatos y peleas. Nadie lee el periódico para leer sobre cómo han vuelto a ocurrir muchos acontecimientos no violentos: que las familias se despertaron y desayunaron, que los niños aprendieron en la escuela, que los científicos descubrieron fenómenos, que los artistas hicieron obras de arte, que los amantes hicieron el amor. Los titulares están reservados para la guerra, la delincuencia y la violencia. Los titulares también recogen eventos de no violencia espectacular, como manifestaciones, boicots, o huelgas masivas. Pero otra vez, la violencia espectacular suele desviar la atención de actos obvios y abiertos de no violencia. Si en una manifestación o huelga hay saqueos o peleas, estos episodios de violencia atraerán nuestra atención y nos distraerán. Es por ello que unos pocos manifestantes violentos pueden hacer descarrilar una manifestación no violenta y socavar sus esfuerzos.

La violencia atmosférica, la violencia estructural y cultural, es distinta: no atrae nuestra atención. La violencia estructural está entretejida en las instituciones y condiciones de la vida: implica daños, injusticia, desigualdad y opresión que forman parte de las circunstancias sociales, como en el régimen del apartheid. La violencia cultural está más centrada en la naturaleza generalizada del imaginario violento cultural, incluida la forma en que la violencia que vemos en la cultura tiende a legitimar la violencia real. Galtung sugiere que lo que él llama violencia "personal", que se parece a lo que yo me refiero como "violencia espectacular", nos es más aparente que la violencia cultural o estructural, que están entretejidas en las condiciones de fondo.

En lo referente a la violencia estructural y cultural, parece ser tranquila, pero el aire está contaminado. Como explicó Fanon refiriéndose al colonialismo y a la violencia anticolonial, bajo las condiciones opresivas del colonialismo, la violencia está por todas partes. El opresor colonial vive gracias a una red de violencia; y las personas colonizadas también viven en esa red. Es posible que haya una apariencia de estabilidad y paz en este sistema, pero la atmósfera está impregnada de violencia, y cualquier chispa puede encenderlo todo. Es fácil de ver este proceso en el caso de la violencia estructural, cuando hay un sistema social entero basado en la violencia, pero quizás es menos obvio en el caso de las imágenes culturales de violencia. Sin embargo, en ambos casos hay una tendencia a normalizar la violencia, haciendo parecer que el mundo es un lugar violento que necesita remedios violentos.

Los defensores de la no violencia discrepan sobre esta descripción del mundo y tienden a argumentar que la violencia no es normal; sostienen que la violencia no es un remedio adecuado para la violencia. Pero la violencia atmosférica puede hacer parecer que los defensores de la no violencia son inocentes, utópicos y que están desconectados de la realidad. Para aquellos que viven inmersos en la atmósfera de la violencia, parece que la realidad en general, y la naturaleza humana en particular, es básicamente violenta. Y, como argumentó Fanon, tiene lugar un tipo de asertividad y formación de identidad cuando los que han sido objeto violencia (los colonizados) por fin se deciden a luchar con las mismas armas. Pero los defensores de la no violencia aseguran que esto solo contamina aún más la atmósfera. Lo que hace falta, desde el punto de vista de la no violencia, es encontrar formas de limpiar la atmósfera para que las cosas vuelvan a la condición natural, normal y sana de la no violencia.

Los defensores de la no violencia asegurarán que los que piensan que la violencia es generalizada se equivocan. O bien se centran en el espectáculo de la no violencia ignorando el fondo generalizado de no violencia, o bien se centran en una atmósfera contaminada, viendo solo un mundo contaminado y corrompido por la violencia cultural y estructural. E incluso en el caso de la violencia atmosférica, también se puede afirmar que la violencia estructural y la cultural se perciben como violencia porque entendemos qué sería vivir en un mundo no impregnado de violencia.

Una crítica: problemas ideológicos

Antes de finalizar este capítulo, consideremos si la violencia y la no violencia están simplemente "en los ojos de quien las mira". Como he expresado más arriba, el hierbajo de una persona puede ser la flor para otra. Este ejemplo nos conduce a la cuestión de la ideología. La no violencia es el uso creativo de la fuerza constructiva, pero cada persona puede entender los diferentes usos de la fuerza como constructivos o destructivos. Algunos afirmarán que el capitalismo, por ejemplo, es un sistema de fuerza no violenta constructiva. En el capitalismo, las personas participan en el comercio: en vez de robar, esclavizar o matar, comerciamos con las otras personas. Sin embargo, los críticos del capitalismo lo han visto a menudo como un poder destructivo que se manifiesta con la violencia estructural. Siguiendo a Marx, los críticos del capitalismo han hecho hincapié en el hecho que el capitalismo es alienante y destructivo, mientras que también afirma que el sistema se basa en la violencia del conflicto de clases. Desde este punto de vista, es la violencia del estado (ya sea violencia real o amenaza), la que mantiene el sistema de la propiedad privada. Si un ladrón les roba, la policía podrá emplear la violencia para arrestarlo y castigarlo. Pero en este ejemplo, es el ladrón quien es considerado "violento", mientras que la policía simplemente se considera un medio para prevenir este tipo de violencia delictiva.

No resulta fácil distinguir qué cuenta como fuerza destructiva o constructiva. Consideren el ejemplo de una parada laboral o huelga. Imaginen que los trabajadores se ponen de acuerdo para salir de su puesto de trabajo en una fábrica y organizar un piquete. El propósito de los piquetes es, en parte, evitar que los trabajadores vayan a trabajar. Es posible que el propietario de la fábrica vea la parada y el piquete como un tipo de violencia, puede afirmar que la huelga es un tipo de fuerza destructiva: está destruyendo su negocio, los beneficios de los accionistas, etcétera. Si los piquetes impiden que otros trabajadores entren a la fábrica, ¿estamos hablando de violencia? ¿Y si los huelguistas llaman peyorativamente a quienes van a trabajar "esquiroles"? ¿Y si les impiden entrar en la fábrica entrelazándose de brazos? ¿Y si se sirven del vandalismo en contra de los esquiroles o del propietario, digamos, pinchándoles las ruedas del coche? ¿Y si el propietario llama a la policía? Si la policía llega para poner fin a la huelga, digamos, dispersando a los piquetes, ¿es eso violencia?

Este ejemplo pone de manifiesto la dificultad general: el término "violencia" puede emplearse de forma ideológica. Las partes de un conflicto siempre llamarán violenta a la otra parte para justificar la violencia en defensa propia. Y el "monopolio de la violencia" de un estado, como lo expresó Max Weber, a menudo ni siquiera se entiende como violencia. La cultura dominante no percibe el sistema de justicia penal como un sistema violento, pero las culturas minoritarias y disidentes pueden sufrir violencia directa (en forma de arrestos, asesinatos policiales, torturas, etcétera) y a menudo asegurarán que hay violencia estructural entretejida en el sistema.

Al analizar los conceptos relacionados con la no violencia que hemos analizado más arriba, como el amor, la verdad y la justicia, surgen problemas ideológicos similares. Por ejemplo, ¿tiene género el amor y cómo se conecta al sexo, a los rituales maritales, etcétera? En relación con la verdad, sabemos que hay disputas profundas entre religiones, entre personas religiosas y no religiosas, entre partidos políticos divergentes. La justicia también puede analizarse desde la perspectiva de la ideología, y comprende desacuerdos fundamentales sobre quién cuenta como ciudadano (incluso como persona), cómo debe armonizarse la igualdad con la libertad, y la mismísima fuente y significado de la ley.

Está claro que no pueden resolverse todos estos problemas. Una filosofía de la no violencia más sólida y amplia analizaría estas cuestiones en profundidad. Y, de hecho, los defensores más influyentes de la no violencia han entendido la necesidad de una explicación más amplia. En Gandhi y King, por ejemplo, la teoría y la práctica de la no violencia están conectadas a tradiciones religiosas y políticas que nos ayudan a complementar algunos de estos detalles. Pero incluso estas tradiciones pueden someterse a una crítica ideológica y Gandhi y King también han sido criticados por feministas y otros movimientos que han señalado las limitaciones ideológicas de su teoría y práctica.

Para nuestros fines, podemos concluir que una de las características interesantes de la no violencia es que abre la puerta a esas cuestiones críticas. Aquí también tenemos el riesgo del relativismo. Pero debemos insistir en la objetividad para definir los términos daño, lesión y violencia. Sin un acuerdo básico sobre, por ejemplo, la incorrección de que la policía mate a personas desarmadas, terminamos en una ciénaga relativista. Debemos llegar a un consenso y acuerdo sobre qué significa hablar de "fuerza constructiva" y "fuerza destructiva".

Sin embargo, y esta es la cuestión, los defensores de la no violencia tradicionalmente han estado dispuestos a participar en un proyecto de interpretación crítica y análisis porque tienden a pensar que este tipo de análisis es constructivo. En otras palabras, la no violencia tiende a comprender estos tipos de análisis creativos y atentos que llevan a cuestiones esenciales políticas y filosóficas. La violencia en su forma más básica es tonta, animal y brutal. La violencia típicamente comprende el empujar y estirar de la fuerza física. Su objetivo es acallar y eliminar a los demás. Pero la no violencia ocupa otro espacio, un nivel que apela al terreno humano y racional. Es más inclusiva y dialéctica. Por ello muchos defensores de la no violenta sugieren que la no violencia es un camino más elevado, conectado a aspectos como la sabiduría, la iluminación y el desarrollo moral. Estos términos también pueden someterse a un análisis ideológico, pero los defensores de la no violencia lo entienden. La no violencia no es solo una forma de decir que no a la destrucción. Más bien, es una invitación a más actividades creativas, constructivas, entre ellas la actividad de pensar sobre la misma no violencia.

Capítulo 3

El quién y el a quién de la no violencia

¿Quién practica la no violencia? ¿A quién va dirigida la no violencia?

Las conversaciones sobre no violencia a menudo se centran en casos excepcionales de no violencia heroica, como cuando alguien dedica su vida a un movimiento no violento. Los grandes actos heroicos de no violencia conllevan sacrificio y, a veces, martirio. Ejemplos de estos actos son las vidas de Gandhi y King. Los héroes de la no violencia lideran y organizan movimientos de masas. A veces son encarcelados. A veces son asesinados, como lo fueron King y Gandhi. Y en ocasiones simplemente desaparecen, como el hombre que se puso delante de un tanque en la plaza de Tiananmén en 1989. Pero para cada héroe de este tipo, hay miles y millones de defensores marchando, cantando y actuando de forma no violenta entre las masas que conforman el movimiento en masa. Hay una tendencia natural a centrarse en esos individuos heroicos que ejemplifican la práctica de la no violencia política. La no violencia es más dramática y perceptible cuando para un tanque o mueve las masas. Pero la no violencia también es generalizada e insistente. Como fuerza política, gana su poder de las masas que marchan de forma anónima detrás del líder famoso, desde los individuos que van a las votaciones, pasando por aquellos que participan en boicots o en actos de no cooperación, hasta todos los profesores, enfermeros, científicos, abogados, religiosos y padres que participan en el proyecto constructivo de apoyar silenciosamente la paz, la verdad, la justicia y el amor.

En efecto, la no violencia suele ser bastante ordinaria. La mayor parte de nosotros practicamos la no violencia casi todo el tiempo. Y lo que Gandhi nombró "el programa constructivo" se centra en una forma de vida transformada que evita la violencia creando conexiones humanas y satisfaciendo necesidades humanas de formas positivas. La no violencia es la condición de base para la vida humana normal. Esto es verdad incluso en sociedades racistas y opresoras. La vida diaria de la mayor parte de la gente, incluso en sociedades racistas y opresoras, consiste en ir a trabajar, cuidar a los amigos y la familia, etcétera. Cierto es que hay algo de perverso en una sociedad en la cual la gente se comporta de forma no violenta en un círculo de privilegio, mientras que el contexto social, político e histórico está basado en la violencia. ¿Podemos afirmar que un ciudadano corriente de la Alemania nazi en los años treinta vivía de forma no violenta cuando los nazis estaban vejando a los judíos y preparando una guerra? ¿Podemos afirmar que los colonizadores americanos vivían de forma no violenta en pueblos de Nueva Inglaterra, cuando habían expoliado la tierra de los pueblos indígenas, cuando el esclavismo potenciaba la economía, y cuando había violencia continua en las zonas fronterizas?

Cuando las vidas no violentas de las personas están basadas en la violencia hacia otras, hablamos de "violencia estructural", descrita en el capítulo anterior. El problema de la violencia estructural es que el círculo de no violencia en estas sociedades es cerrado: hay no violencia en el grupo dominante, que excluye "al otro", aquellos que están sujetos a recibir el impacto negativo de la opresión y la violencia. La no violencia cotidiana que encontramos en los regímenes con violencia estructural indica incoherencia e hipocresía. Algunos disfrutan de una vida ordinaria no violenta: juegan, aprenden, trabajan, etcétera. Los bienes de la vida humana se disfrutan en condiciones de paz: prosperamos cuando participamos en actividades no violentas con los demás. La crítica de la violencia estructural nos muestra que deberíamos superar la hipocresía y la incoherencia de la violencia estructural extendiendo los beneficios de la vida no violenta a todos los seres humanos, y quizás también a seres no humanos.

Para comprender este concepto, debemos introducirnos en lo que podemos llamar "ontología social". La no violencia nos pide que reconsideremos las relaciones sociales. Nos pide que consideremos quién puede disfrutar los bienes de la vida y respecto a quién tenemos obligaciones de cuidado. Los defensores históricos de la no violencia se centran en la interdependencia y la interconexión. Tienden a afirmar que "todos los hombres son hermanos", o para usar lenguaje neutral "todas las personas están interrelacionadas". Podemos afirmar que esto es la analogía doméstica de la no violencia. Esta idea de "analogía doméstica" se ha empleado típicamente en la justificación de la guerra: los teóricos de la guerra justa quieren que pensemos en la autodefensa nacional como una analogía con la defensa propia individual (o defensa de los seres amados en un hogar). Sin embargo, los defensores de la no violencia han usado otro tipo de analogía nacional: nos han pedido que pensemos en la familia de la humanidad, que está interrelacionada. Dentro de la familia de la humanidad, la no violencia, la solidaridad, y el amor deben ser los valores principales. La no violencia promueve una forma de entender la vida social que rompe la distinción entre el nosotros y el ellos, entre el yo y el otro, y que critica esas formas de pensar que crean jerarquías y estructuras de dominación. Las jerarquías sociales a menudo son construidas a base de violencia, con una clase social, raza o género dominando a los otros. La no violencia pretende construir un mundo social distinto empleando métodos no violentos, por supuesto. La no violencia no es simplemente un método estratégico o herramienta de aquellos que no tienen poder para usarla contra los poderosos para obtener poder. La no violencia también contiene una ontología social transformadora que pretende abolir la distinción social entre poderosos y sin poder, reconstruyendo las relaciones sociales de forma que se elimine la propia violencia jerárquica. En otras palabras, la no violencia es compasiva y la participación constructiva con todo el mundo pretende promover la prosperidad en un mundo de igualdad, equidad y justicia.

2. La gente levanta la mano y grita, mientras llevan papeletas utilizadas en el referéndum de la independencia prohibido, durante las protestas del 1 de octubre de 2017 en Barcelona para reclamar la independencia de Cataluña.

En este capítulo exploraremos el punto de vista social del llamamiento a la no violencia. Esto nos lleva a la cuestión de si la no violencia es adecuada para aquellos que gozan de autoridad política: la policía, el ejército, etcétera. La no violencia se suele ver como un método para aquellos que no tienen el poder ni la autoridad para hacerse cargo de su propio destino. Sin embargo, los defensores de la no violencia no creen que la no violencia sea solo para aquellos sin poder que sufren a causa de los poderosos. En efecto, es algo perverso exigir que los oprimidos se comporten de forma no violenta cuando la misma condición de su opresión es la violencia de sus opresores. En su manifestación más amplia, el objetivo de la no violencia es un mundo en el cual todos nos comportemos de forma no violenta, incluso los poderosos.

La tradición mundial de no violencia

En el Capítulo 1 hemos repasado brevemente la historia de la no violencia. Volvamos ahora a este tema, con un poco más de detalle para mostrar cuán general es el atractivo de la no violencia. La no violencia no es simplemente el sueño de unos cuantos idealistas. Al contrario, hay una extensa tradición mundial de no violencia, que entreteje ideas de varias culturas del mundo. Estas tradiciones comprenden términos clave tomados de múltiples tradiciones: *satyagraha* (la idea de Gandhi de "fuerza de la verdad"), *ahimsa* (la palabra del Sur de Asia para referirse a no violencia), *ubuntu* (el concepto sudafricano de "humanidad" e interconexión) y *agape* (la idea cristiana del amor universal desinteresado). Los defensores de la no violencia han aprendido de diferentes tradiciones y han trabajado para formar una visión de la no violencia que sea inclusiva y amplia.

Aun así, cuando tratamos la cuestión de quién practica la no violencia, una respuesta puede ser que la no violencia es solo para unos pocos privilegiados, quizás solo para aquellas figuras casi santas que lideran movimientos y que están dispuestas a sacrificarse y a ser martirizadas. Este concepto está relacionado con lo que a veces se llama pacifismo vocacional o personal, que solo requiere la no violencia de aquellos que han hecho una promesa explícita de no violencia. Por ejemplo, podemos verlo en algunas tradiciones religiosas, en las que el clero está comprometido con la no violencia, pero la gente ordinaria no debe comprometerse de la misma manera. Una idea relacionada puede encontrarse en la ética médica, en la que hay un compromiso con el principio de no dañar a las personas. Según algunas interpretaciones, esto implica que, en una guerra, un enfermero o doctor puede sanar a los heridos, pero no usar armas. Sin embargo, en general, la filosofía de la no violencia no debe ser una cuestión "vocacional" de este modo. Más bien, los defensores de la no violencia tienden a pensar que es un bien universal: todas las personas deberían practicar la no violencia.

Por ello, la no violencia no es algo especial que unos pocos santos pueden practicar. Muchos de los defensores de la no violencia se han convertido en santos en el imaginario popular. Piensen en los múltiples títulos honoríficos que se dieron a personajes como Gandhi: el término *mahatma* significa "gran alma" o santo. Martin Luther King fue un pastor cristiano que ha sido venerado como una especie de santo estadounidense. Desmond Tutu es un arzobispo que ha sido nombrado "santo en vida". El Papa Francisco es un papa que eligió su nombre por san Francisco de Asís. El Dalái Lama es considerado un espíritu santo reencarnado, una emanación del Bodhisattva Avalokiteshvara. A pesar del nivel de santidad mística asociada a estas figuras, su mensaje no es que debamos ser santos. Más bien, es que hay esperanza de que las personas ordinarias pueden y deben comportarse de forma no violenta. En efecto, algunos de los otros defensores de la no violencia que hemos mencionado, Malala Yousafzai, por ejemplo, son un ejemplo de cómo las personas corrientes pueden abrazar y defender la no violencia.

Los personajes que hemos mencionado tienen más cosas en común que el hecho de ser defensores y practicar la no violencia. Estas personas también están al margen del poder. La no violencia se suele entender como una herramienta para los marginados: las minorías religiosas, las personas negras, o las mujeres. Es verdad que la no violencia es una herramienta importante para los marginados, pero, como he mencionado más arriba, la no violencia no es solo una herramienta para aquellos que no tienen poder. Son los poderosos, en especial, quienes deberían aprender la sabiduría de la no violencia.

En la tradición occidental, la idea de la no violencia se remonta a Jesús. Jesús y sus seguidores eran marginados en la jerarquía romana y judía de la Judea antigua. Esta perspectiva del marginado nos ayuda a explicar el núcleo no violento del pacifismo occidental/cristiano, como se ve en unos fragmentos del Sermón de la montaña (Mateo 5-7). Jesús aboga por "presentar la otra mejilla" y no pagar mal con mal. Este verso se basa en la ética básica del amor: amar al prójimo e incluso al enemigo.

El poder del amor

Las palabras de Martin Luther King son una gran fuente de inspiración. King ve la no violencia en relación con el poder del amor. Su esfuerzo esperanzado pretende transformar los corazones desarrollando un sentido compartido de justicia, verdad y amor. Como cristiano, King entiende el amor como la condición de base de la realidad. La noción de amor de King es la idea cristiana de *agape*, amor desinteresado y ético. King afirma "En el análisis final, agape significa un reconocimiento de que toda la vida está interrelacionada.

Toda la humanidad forma parte de un único proceso, y todos los humanos son hermanos". Añade: "Si daño a mi hermano, sin importar lo que me esté haciendo, también me estoy dañando a mí mismo... ¿Por qué? Porque los hombres son hermanos. Si me dañas a mí, te dañas a ti mismo". King también explica que el amor es un poder activo que preserva y crea la comunidad. El sentido de interrelación es crucial para entender la concepción positiva de la no violencia. King explica lo siguiente:

> "El amor es la única fuerza capaz de transformar un enemigo en un amigo. Nunca nos deshacemos de los enemigos pagando odio con odio; nos deshacemos de los enemigos deshaciéndonos de la hostilidad. Por su propia naturaleza, el odio destruye y arrasa; por su propia naturaleza, el amor crea y construye. El amor transforma con un poder redentor".

La idea de que estamos todos interrelacionados llega incluso a apelarnos a incluir a nuestros enemigos en nuestro círculo de preocupación no violenta. Jesús afirmó que debemos amar a nuestros enemigos y rezar por quienes nos persiguen (Mateo 5). Esto significa que la no violencia está relacionada con el perdón y la reconciliación. Algunos pueden pensar que el mandamiento de amar a los enemigos es ir demasiado lejos: los enemigos podrían aprovecharse del amor y del perdón.

> La prudencia y la estrategia son importantes en estos casos. Amar al enemigo no significa que debamos permitir que nos opriman. Sin embargo, la cuestión de fondo es que debemos ampliar nuestro círculo de preocupación: la respuesta a la pregunta "no violencia para quién" puede ampliarse para incluir incluso a nuestros enemigos.

El ideal no violento y amoroso de Jesús tiene sentido al considerar que Jesús era un rabino sin poder, sin acceso a los salones del poder. Tiene sentido llamar a ofrecer la otra mejilla y amar al enemigo, cuando no se tiene un ejército o la capacidad de luchar contra el enemigo. Sin embargo, Jesús no afirmaba que solo los que no tienen poder deben ser no violentos. Y, como explicó con detalle Walter Wink, su estrategia era hacer frente a los poderosos y exigir ser tratado como un igual. Según la interpretación de Wink, ofrecer la otra mejilla significa alzarse en contra de los abusos y exigir ser reconocido como un igual. En vez de acobardarte, demuestras tu dignidad al presentar la mejilla al opresor.

Los cristianos interpretan la Biblia de varias formas. Algunos se toman los fragmentos del Evangelio sobre la no violencia muy seriamente. Podemos verlo por ejemplo en las tradiciones anabaptistas de Europa, en el cristianismo trascendentalista de los Estados Unidos y en la reinterpretación de la Iglesia Ortodoxa rusa. Estas formas de cristianismo fueron marginadas por el cristianismo dominante, que tendía a restarle importancia a la violencia, defendiendo las cruzadas, las guerras justas y las inquisiciones. Tolstói, por ejemplo, fue excomulgado por la Iglesia Ortodoxa rusa. Una dificultad importante a la que se enfrenta la tradición no violenta es que la no violencia no encaja bien con la ideología predominante del poder político, militar y religioso.

Por supuesto, Jesús fue ejecutado por las autoridades. Pidió perdón a sus ejecutores en la cruz. Los romanos oprimieron y martirizaron a los cristianos durante largos años. La historia de Jesús parece demostrar que los llamamientos a la no violencia serán ignorados por las autoridades, si son articulados por marginados. Se puede argumentar algo parecido sobre Sócrates. Sócrates fue juzgado y sentenciado a muerte por la ciudad de Atenas. Mientras estaba en prisión analizó el poder y la autoridad con un amigo llamado Critón, quien le instó a escapar. Sócrates le dijo: "nunca es correcto cometer injusticia, devolver daño por daño o responder haciendo el mal, cuando se recibe un mal". La idea de Sócrates de no devolver mal por mal precede a Jesús varios cientos de años. Sin embargo, al igual que Jesús, Sócrates fue asesinado.

Sin embargo, y he aquí las buenas noticias, los modelos de Jesús y Sócrates han seguido inspirando al mundo. Estas fuentes griegas y cristianas han dado lugar a una debate de 2000 años sobre el poder, la justicia, la autoridad y la no violencia. Algunos defienden que la violencia puede justificarse. Otros mantienen que la no violencia sigue siendo el camino más elevado. En otras partes del mundo, hay discusiones paralelas. Hay tradiciones de no violencia en el mundo islámico, en China, en el sur de Asia y en África. El patrimonio mundial de la no violencia fue aunado en cierta manera por Mohandas K. Gandhi, que ejemplifica un tipo de teoría y práctica de la no violencia cosmopolita, multicultural y moderno. La historia mundial de la no violencia es demasiada larga para explicarla en estas páginas, así que centrémonos en Gandhi, para analizar cómo las tradiciones de no violencia se combinan e interrelacionan.

Gandhi se halla en la intersección de las culturas. Nació en la India cuando estaba bajo dominio británico y estudió derecho en Londres. Trabajó en Sudáfrica, donde empezó a desarrollar sus técnicas de activismo no violento, trabajando para defender los derechos de la minoría india en Sudáfrica. En Sudáfrica fundó su primera comuna de áshram y empezó un proceso de transformación de la forma en que él y su familia vivían. Durante su encarcelamiento en Sudáfrica, Gandhi estudió la obra de Henry David Thoreau y León Tolstói. Al cabo de un tiempo fundó una granja cooperativa en Sudáfrica llamada "Tolstói Farm", donde el trabajo estaba relacionado con el desarrollo espiritual. Después de su éxito defendiendo los derechos de los indios en Sudáfrica, Gandhi volvió a la India, donde empleó una variedad de tácticas no violentas, entre ellas marchas, desobediencia civil, y ayunos, para hacer frente a cuestiones de justicia social y para trabajar hacia el autogobierno indio. En India, Gandhi trabajó con una coalición de simpatizantes hindúes y musulmanes. Finalmente, los británicos dejaron la India, pero las divisiones étnicas y religiosas llevaron a matanzas. La India fue dividida y Gandhi fue asesinado por un nacionalista hindú.

Gandhi entretejió influencias de una variedad de tradiciones, tanto del sur de Asia como occidentales/cristianas. Su idea de *ahimsa* encuentra sus raíces en las religiones indias y las filosofías del jainismo, el hinduismo y el budismo. Sin embargo, Gandhi también trabajó con musulmanes como Maulana Azad y Khan Abdul Ghaffar Khan, quienes inspiraron un movimiento no violento islámico que trabajó en sintonía con Gandhi. La teoría y la práctica de Gandhi influyeron a James Lawson y a Martin Luther King, quienes usaron la no violencia para luchar contra el racismo en los Estados Unidos. El ejemplo estadounidense tuvo un final trágico con el asesinato del doctor King; sin embargo, también tuvo éxito, ya que llevó a la promulgación de la legislación a favor de los derechos civiles y a una lucha continuada contra el racismo. En las décadas subsecuentes, James Lawson siguió enseñando a la gente las tácticas y la filosofía de la no violencia. Se ha desarrollado toda una red de grupos de activistas y de investigación académica que sigue estudiando e implementando la no violencia a través de revistas, libros, talleres y programas académicos en "estudios de paz" o "estudios de paz y conflictos". Hoy día se ha desarrollado una tradición de no violencia que incluye un conjunto refinado de conceptos, estudios empíricos y recursos de aprendizaje. Este trabajo ha servido de inspiración a movimientos no violentos de éxito en todo el mundo.

Deberían puntualizarse dos cuestiones a la hora de concluir este breve análisis de la tradición de no violencia. En primer lugar, la lucha no violenta ha demostrado ser eficaz. Y, en segundo lugar, esa tradición sigue desarrollándose. La tradición de la no violencia ha incluido a aquellos que han defendido un tipo de no resistencia que simplemente aceptaba el poder (a veces llamados "la resistencia pasiva"), pero con Gandhi la no violencia se convirtió en activa y estratégica. A medida que estas técnicas se han ido puliendo y desarrollando, han ido teniendo más éxito. Los estudios empíricos demuestran el cómo y el porqué de la eficacia de la no violencia. Esto, a su vez, ha influenciado las estrategias y las técnicas cambiantes de la no violencia. En el siglo XIX, Thoreau experimentó con la resistencia a los impuestos como un tipo de desobediencia civil. En la primera mitad del siglo XX, la satyagraha comprendió marchas y desobediencia simbólica. Décadas más adelante, Lawson, King y Rosa Parks dirigieron boicots y "lunch counter sit-ins" (sentada pacífica con provisiones) [...]. En la Europa Central, los europeos protestaron contra del dominio soviético tomando las calles y empleando la solidaridad y la resistencia civil. En el siglo XXI, internet y los teléfonos móviles nos han permitido la movilización en masa, las *flash mobs*, y las ocupaciones de espacios públicos. A medida que se extiende la información y la solidaridad, evolucionan las técnicas desinversión, boicots, etcétera. Si bien es cierto que Gandhi y King fueron quienes inspiraron gran parte de estos movimientos, la tradición de la no violencia no es estática. El trabajo sigue con las nuevas generaciones de académicos que abordan nuevos problemas de formas creativas. Y gracias a la facilidad de comunicación con Internet y las redes sociales, hay una tendencia democratizadora en el campo de la no violencia, con jóvenes como Malala Yousafzai y Greta Thunberg como voces inspiradoras emergentes que llaman al cambio social no violento.

¿Quién y a quién?

La no violencia no es algo que solo los santos pueden practicar. Más bien, es algo que todos hacemos la mayor parte del tiempo: usamos la fuerza constructiva con nuestras familias, amigos y compañeros de trabajo día a día. Y en estos movimientos de masas no violentos que promueven el cambio social, es la persona corriente lo que importa. Los líderes de estos movimientos son los que reciben la mayoría de la atención, pero los líderes no podrían tener éxito sin los millones de personas corrientes que se manifiestan, hacen huelga, se sientan para protestar, marchan por las calles, y entrelazan los brazos para demostrar solidaridad.

Un problema sustancial al pensar en el quién y el a quién de la no violencia es que aquellos que son no violentos en un estrecho círculo también pueden permitir que haya violencia e incluso pueden participar activamente en la violencia contra otros que están fuera de su círculo de preocupación no violenta. Este problema es el núcleo de la violencia estructural. Las sociedades machistas o racistas, por ejemplo, pueden tener una apariencia de paz externa, pero que está basada en una violencia de fondo profunda. Los racistas blancos pueden tener comportamientos de hermandad no violenta con otros blancos, mientras que al mismo tiempo defienden o participan activamente en actos violentos contra las minorías no blancas. La misma ambivalencia se encuentra en las guerras. Los hermanos de armas son no violentos entre ellos, aunque empleen la violencia contra el enemigo. La población general patriótica se comporta de forma no violenta entre sí, mientras que siente animadversión y defiende la violencia en contra del enemigo.

Los defensores de la no violencia se han mostrado bastante críticos con este tipo de ambivalencia. En general, quieren que ampliemos el círculo de no violencia. No es suficiente ser no violento solo con un círculo cerrado de amigos. La no violencia tiene un impulso universalizador. El ideal es que todo el mundo (el quién) practique la no violencia hacia todo el mundo (el a quién).

Los defensores de la no violencia sostienen que cada uno de nosotros debería ser no violento. Y cada uno de nosotros debería también sentir responsabilidad por la violencia que se comete en nuestro nombre y con nuestro consentimiento y permiso. Los partidarios de la no violencia tienden a ser críticos tanto con las acciones violentas como con aquellos que permiten que ocurra la violencia. Es obvio que está mal usar la violencia de forma deliberada, pero también lo es contratar a alguien para que cometa actos violentos. E incluso lo es permitir la violencia. Pero la no violencia no es solo negativa: también consiste en la participación constructiva. Por ello, los defensores de la no violencia nos piden que estemos comprometidos con el mundo de forma constructiva, de varios modos. Cada uno debe construir y apoyar hábitos y actitudes de participación constructiva. Cada uno debe fomentar el amor, la justicia, la verdad, y también la igualdad y el respeto. Más adelante nos centraremos en estos valores positivos. Ahora centrémonos en la prohibición negativa de cometer y permitir actos violentos.

Es obvio que es incorrecto desde el punto de vista de la no violencia instigar un ataque violento, pero ¿y si nos atacan? En este caso, se suscitan varias cuestiones referentes al quién y el a quién. Algunos defensores de la no violencia alegan que no hay excepción en la prohibición de la violencia, incluso en caso de ataque. Esta idea se conoce como pacifismo absoluto. Como respuesta, otros defienden la idea de que la violencia puede emplearse en defensa propia. Los argumentos sobre la defensa propia se centran en estas cuestiones del quién y el a quién. Los que no son atacados no pueden usar la violencia, pero puede que haya una excepción para aquellos que son atacados, o cuando se tiene una obligación especial de proteger aquellos que son atacados. La justificación de usar la violencia en defensa propia también comprende una limitación de a quién: la violencia en defensa propia debe ser dirigida únicamente a quien instigó el ataque. Una teoría establecida de la justificación de la violencia en defensa propia se conoce como la "teoría de la guerra justa". Esta teoría prevé una serie de restricciones sobre el uso de violencia en la guerra. Las preocupaciones principales de estas estipulaciones son las siguientes: la violencia debe usarse solo para defenderse; la violencia debe ser dirigida a alguien en concreto; la intención detrás de la violencia nunca debe ser egoísta o violenta; y debemos ofrecer oportunidades para la reconciliación y la paz.

Sin embargo, los defensores de la no violencia también se plantean críticas a la violencia en defensa propia. Algunos defensores de la no violencia, los pacifistas absolutos, afirman que tenemos el deber de no participar en actos violentos. De todos modos, no es necesario ser absolutista para pensar que los agentes responsables deben evitar el uso de la violencia si es posible. Una preocupación importante es que no es fácil limitar la violencia una vez ha empezado: una intención moral específica puede dar lugar a crueldad, brutalidad y escalación. En el contexto de la guerra, el problema se explica en las discusiones sobre crímenes de guerra y daño moral. Incluso "los buenos" pueden acabar cometiendo atrocidades e infringiendo las normas de la guerra justa. Cuando ocurre esto, los soldados pueden acabar sufriendo daños morales, es decir, cuando ellos mismos se dan cuenta de que han participado en actividades que dañan a su propia conciencia y sentido de identidad. Además, los defensores de la no violencia sostienen que todo el mundo merece ser protegido de la violencia y debería tener algún tipo de inmunidad ante la violencia. La idea de inmunidad es interesante. Esta esfera de protección o inmunidad, la clase de seres que deberían ser protegidos de la violencia, se define de varias formas. En el contexto de la guerra, se conoce como "inmunidad no combatiente": aquellos que no luchan (los civiles) no deberían ser asesinados y la fuerza destructiva debe dirigirse solo a los combatientes. De todos modos, una de las dificultades de la guerra es que la violencia se extiende y a menudo mueren no combatientes. En términos más generales, los defensores de la no violencia extienden más la esfera de inmunidad.

Minimizar la violencia y encontrar alternativas

Elegir emplear la fuerza destructiva es una elección libre, pero si nos atacan, o si atacan a nuestros amigos y familiares, puede ser que no tengamos esa libertad. Quienes defienden la idea de que la violencia en defensa propia (o de otro) es justificable afirman a menudo que "no tienen otra elección" que emplear la violencia o que esa violencia es necesaria. Esto implica que la violencia defensiva no es una elección libre o que la violencia en defensa propia es simplemente de respuesta o reacción. Desde este punto de vista, el ataque original está mal, pero la violencia en defensa propia como consecuencia del primer ataque está ligada a la incorrección moral del primer ataque. Los defensores de la violencia defensiva afirman que no es su culpa tener que usar la violencia para defenderse de un ataque violento: la responsabilidad recae únicamente en el instigador.

Podríamos añadir mucho más sobre la justificación de la violencia en defensa propia. Estos argumentos conducen al tema de la justificación de las guerras defensivas. Las conclusiones absolutistas no son muy útiles en estos casos, y es probable que incluso los apasionados defensores de la no violencia estén de acuerdo con Gandhi en que, si no hay otra forma de evitar la violencia, un poco de violencia puede ser justificable. Pero el objetivo de la no violencia no es centrarse en estas circunstancias excepcionales, sino más bien, es encontrar alternativas no violentas. Los defensores de la no violencia suelen intentar buscar formas de minimizar y restringir la violencia. Tenemos dos ideas principales: 1. La idea de la no violencia preventiva, con la resolución no violenta de conflictos; y 2. La idea de la defensa no violenta o de la defensa propia no violenta.

En relación con la no violencia preventiva y la resolución de conflictos, la idea es que una vez estamos en una situación en que se produce un ataque, a menudo ya es demasiado tarde. Desde el punto de vista de la no violencia, es mejor distender el conflicto antes de la escalada a la violencia. Si la escalada ya está en proceso, el objetivo es minimizar la violencia y desescalar el conflicto. Es algo, como mínimo complicado. Sin embargo, encontramos varias técnicas de desescalada, despolarización y de resolución no violenta de conflictos, tanto en relaciones internacionales (en diplomacia y guerra) como en relaciones interpersonales (en negocios, política, familias y sociedad). En general, el objetivo es avanzar hacia una especie de espiral de desescalada, trabajando para cambiar percepciones, animando al diálogo, entendiendo las jerarquías de las necesidades y los deseos, evitando estereotipos polarizantes, pausando las animadversiones para crear un periodo de enfriamiento y en general trabajando para reducir la violencia. Sin embargo, si la violencia ya está presente, también hay técnicas de defensa no violenta. Algunas artes marciales asiáticas nos proporcionan métodos de autodefensa para desescalar o desarmar al enemigo minimizando la violencia. A nivel personal, hay varias técnicas de confrontación y evitación, entre ellas gritar, correr, y el uso de violencia mínima como el espray de pimienta. En la guerra y los cuerpos policiales, ha habido esfuerzos para desarrollar armas que sean menos violentas: cañones de agua, balas de goma, gas lacrimógeno, y armas sónicas y ultrasónicas. El objetivo de estas técnicas es encontrar una forma de "luchar" que reduzca la violencia e intente evitar las escaladas que llegan al nivel de matar al atacante.

Los defensores de la no violencia han desarrollado técnicas parecidas de intervención no violenta, como las que siguen: interposición no violenta, acompañamiento protector, o lo que llamamos "intervención no violenta de terceras partes". La idea básica es que la violencia puede evitarse o distenderse cuando hay testigos que apoyan y acompañan a las víctimas o a las posibles víctimas de violencia. En relación con el acoso escolar, por ejemplo, los testigos pueden detener ese acoso si se implican o si lo denuncian. Los defensores de la no violencia usan estas técnicas para argumentar a favor de la defensa nacional no militar, a veces llamada "defensa civil", "brigadas de paz", o "ejército de paz". Gandhi y sus seguidores imaginaron los "ejércitos de paz" (*shanti sena*) que ofrecerían resistencia a los gobiernos opresivos e incluso a los ejércitos invasores. Gene Sharp explicó cómo la defensa civil (también llamada defensa post militar o defensa social) puede ser más eficaz que la defensa militar, incluso en casos de invasión exterior. En el próximo capítulo la analizaremos en más detalle. Sin embargo, los métodos comprenden la no cooperación, la resistencia civil, y lo que Sharp llama "jiujitsu político", que impide que un gobierno opresor o invasor mantenga el control del poder.

Hay muchos ejemplos de cómo implantar esa idea, algunas con más éxito que otras. En los años treinta, por ejemplo, bajo el liderazgo de Khan Abdul Ghaffar Khan, una brigada de manifestantes no violentos se alzó contra los británicos, que los masacraron en Kissa Kahani Bazaar. Muchos murieron, pero los británicos terminaron perdiendo el poder. Más recientemente, los trabajadores de la paz han viajado a zonas de conflicto, en Latinoamérica y en Asia, por ejemplo, para hacer de acompañantes, testigos, vigilantes, y para dar apoyo. En casos extremos, los defensores de la no violencia se han ofrecido como voluntarios para ser "escudos humanos" en zonas de conflicto, con varios grados de éxito. En el periodo previo a la invasión de Iraq de 2003, docenas de defensores de la paz fueron a Iraq como escudos humanos. No evitaron la invasión, pero consiguieron captar atención crítica a la guerra.

La idea de no cooperación con un ejército invasor la propuso Gandhi, que había imaginado una resistencia no violenta a una posible invasión japonesa de la India a principios de los años cuarenta. Reconoció que sería atroz y que posiblemente llevaría a la exterminación de grandes cantidades de manifestantes pacíficos. Sin embargo, sugirió que si el ejército de la paz era disciplinado y determinado, podía ser eficaz, aunque admitió que el invasor "exterminaría a todos los manifestantes". Esto pone la siguiente cuestión en relieve: o la exterminación o la sumisión. Gandhi no pensó que llegara a pasar, manteniendo la esperanza de que el ejército invasor se cansaría de matar. Para los críticos de la no violencia, este es un punto de vista ridículo e inmoral. Pero el defensor de la no violencia afirmará que no es más ridículo que las masacres que los defensores de la guerra ven como medio necesario.

Sharp y otros que han estudiado detalles empíricos e históricos han señalado que hay ejemplos exitosos de defensa civil. Una de las claves de ese éxito son la formación y la preparación. Los ejércitos y la policía están bien entrenados y tienen buena financiación. Los defensores de la defensa civil no violenta han sostenido que si la gente se entrena y se prepara igual de bien, podrían tener más éxito. También podríamos añadir que es perverso exigir una no violencia perfecta y una coherencia estratégica de personas no entrenadas que se unen a una manifestación o a un movimiento en masa. Las campañas no violentas de éxito requieren coordinación sistemática, formación y apoyo.

Responsabilidad y ampliación el círculo de preocupación

La cuestión de involucrar a terceras partes es importante para la paz, hace falta involucrar a los medios de comunicación y a la comunidad internacional. Una forma de evitar y mitigar la violencia a escala internacional es que se involucren terceras partes, sacando a la luz la violencia y llevando presión negativa a aquellos que promueven y facilitan la violencia. A menudo las campañas para el cambio social se centran en la autoayuda, en que las víctimas de la violencia y de la injusticia trabajen para cambiar su situación. Sin embargo, en algunos casos las víctimas de la violencia no tienen poder y no pueden ofrecer resistencia a la violencia y promover el cambio sin la ayuda de terceras partes. Las terceras partes pueden contribuir ofreciendo refugio y apoyo a los manifestantes no violentos. Las terceras partes también pueden presionar a quienes facilitan la violencia. Los medios de comunicación también se involucran en estos casos de forma compleja, reportando las penurias de las víctimas, las tácticas de los que ofrecen resistencia y las estrategias que emplea la parte dominante para luchar contra la resistencia.

Y la cuestión de la responsabilidad también es complicada. ¿Son responsables las terceras partes cuando ignoran la violencia y miran hacia otro lado? ¿Son responsables los medios de comunicación cuando solo informan desde la perspectiva dominante sin investigar las tribulaciones de las víctimas de la violencia?

La cuestión de la responsabilidad nos conduce de nuevo a la cuestión de la subcontratación de la violencia y el permitir a otros perpetrar violencia. Más arriba hemos mencionado un par de casos en los que la violencia está mal: está mal emplear a otra persona para que cometa actos violentos; y puede que también esté mal permitir la violencia. El primer caso es bastante obvio: si está mal que uno haga algo, también lo está contratar a alguien para que lo haga. Claro, se puede hacer una crítica al pacifismo vocacional con eso en mente: ¿es posible que el cura o el médico que rechazan la violencia simplemente "externalicen" la violencia como parte de la división del trabajo, pidiendo a otra persona que haga el trabajo sucio, pudiendo así quedarse con las manos limpias? Se trata de una cuestión difícil que merece una reflexión más profunda. Está relacionada con la cuestión de si está mal permitir la violencia. Procedamos a analizar este problema.

Si la violencia en general está mal, entonces es posible que cada uno de nosotros tenga una responsabilidad importante de evitar que tenga lugar. Esta es la idea que encontramos en las críticas de la violencia estructural. Si mi bienestar depende de un sistema que es violento, entonces, de alguna forma soy responsable de esa violencia. Puede que los beneficiarios de los regímenes de apartheid, de las ocupaciones coloniales, e incluso de los genocidios no participen ellos mismos en la violencia directa contra "el otro". Sin embargo, su beneficio es a costa de aquellos que sufren esa violencia. Ningún especialista en ética afirmaría que está bien contratar a alguien para que cometa un genocidio o que colonice para ti. La cuestión de si es posible disfrutar de los beneficios de un genocidio o de una colonización es moralmente problemática. Un problema es que las relaciones entre causa y efecto, daño y beneficio suelen ser complejas y poco claras. Además, los beneficiarios de genocidios pasados y del colonialismo no estamos directamente involucrados con esos daños pasados. Otro problema es que la cuestión de reparar los daños de la violencia pasada se complica al preguntarnos a quién deberíamos dirigir nuestros desagravios o disculpas.

También tenemos una distinción conceptual complicada entre hacer y permitir. En relación con la violencia estructural, la cuestión es hasta qué punto los beneficiarios de la violencia estructural realmente están haciendo algo para causar la violencia o si simplemente están permitiendo que ocurra. Incluso en el caso de que no seamos beneficiarios, sigue estando la cuestión de cuánta responsabilidad tenemos de evitar la violencia y salvar a los demás. Nuestra posición al respecto de este tema dependerá de una serie de cuestiones como las que siguen: nuestra proximidad a aquellos que sufren, nuestra capacidad de ayudar, la capacidad de las personas que sufren de ayudarse a sí mismas, y el tipo de amenaza y daño que están sufriendo esas personas. El filósofo Peter Singer hizo un experimento de pensamiento para guiar nuestra reflexión. Sugiere que si vemos a un niño ahogándose en un charco cerca de nosotros, tenemos la obligación de ayudarle, aunque se embarren nuestros zapatos. Por analogía, si hay gente en la otra punta del mundo muriendo de hambre, lo cual tiene fácil solución, tenemos la obligación de ayudar. Si está en nuestro poder ayudar, y ayudando no sufrimos pérdidas o amenazas importantes, debemos ayudar.

Ahora imaginen un niño que sufre violencia, pongamos que sus padres le pegan. ¿Tenemos la obligación de intervenir? Los defensores de la no violencia dirían que tenemos la obligación de hacerlo, siempre y cuando nuestra intervención sea no violenta. Podríamos hacerlo ofreciéndole apoyo al niño, haciendo de testigos del abuso, o, en casos extremos, ayudándole a escapar. No es suficiente evitar el uso de la violencia, también podemos tener la obligación positiva de impedirla. Los utilitaristas como Singer pueden estar de acuerdo en este caso, aunque sea por distintas razones (y sin estipular ningún requisito sobre evitar la violencia y cuando intervenir). Este caso de maltrato infantil no es un caso de violencia estructural, se trata de intervenir para rescatar a alguien de violencia directa y personal. Pero ¿y la violencia estructural? El hambre mundial se puede entender como violencia estructural. El experimento de pensamiento de Singer parece implicar que si alguien sufre violencia estructural también tenemos la obligación de ayudarle. Pero, ¿es comparable sufrir injusticia racial a ahogarse en un estanque, que te peguen tus padres o morir de hambre? La cuestión requiere mucha reflexión. En general, los defensores de la no violencia parecen estar a favor de la idea de que tenemos una obligación amplia de impedir la violencia directa y trabajar contra la violencia estructural si nuestros esfuerzos permanecen no violentos. Otros argumentan que, al trabajar contra la violencia, se puede emplear algún tipo de violencia, como en el caso de usar el ejército para operaciones de rescate que se conocen como "intervenciones humanitarias". Los defensores de las intervenciones humanitarias violentas afirman que tenemos "responsabilidad de proteger" a las personas vulnerables que sufren abusos y son oprimidas por sus propios gobiernos. Los defensores de la no violencia están de acuerdo en que tenemos la responsabilidad de proteger, pero no comparten que esos sean los medios adecuados, prefieren medios de protección no violenta. En relación con la violencia estructural y sus remedios, tenemos un debate parecido. Algunos revolucionarios llaman a la violencia en oposición a las injusticias estructurales, el apartheid y la opresión, pero los defensores de la no violencia prefieren la acción no violenta en contra de estas injusticias estructurales.

3. Martin Luther King Jr. en la Casa Blanca con los líderes de La Marcha bajo el Monumento a Abraham Lincoln. Washington, DC el 28 de agosto de 1963.

Como hemos visto, hay cuestiones importantes sobre el alcance de nuestra responsabilidad. ¿A quién estamos obligados en relación con la protección de la violencia? Algunos defensores de la no violencia parecen sugerir que la obligación es universal. Martin Luther King pronunció la famosa frase "La injusticia en cualquier lugar es una amenaza a la justicia en todas partes. Estamos en una red ineludible de mutualidad, atados a un único destino. Lo que afecte a uno directamente, nos afecta a todos indirectamente". Esta red de mutualidad nos obliga a cuidar a todos los humanos, sin importar lo lejos o cerca que estén. Hay ideas relacionadas con esta forma de pensar en la importancia de la reciprocidad, la solidaridad y la igualdad. Algunos argumentan que solo tenemos la obligación de cuidar a aquellos a quienes tenemos cerca o aquellos que puedan devolver el favor. Sin embargo, otros incluso extienden esa obligación a seres que no pueden correspondernos, como los animales. Autores como Albert Schweitzer extienden la reverencia a la vida de forma que incluye mucho más que la vida humana, y en algunos textos budistas, hay una llamada a mostrar compasión por todos los seres conscientes.

Sin embargo, incluso los vegetarianos extremos deben enfrentarse a la cuestión de "a quién" al tratar problemas como las plagas (ratas o mosquitos) cuando invaden la casa o el jardín. Parece ser que no es fácil responder a la pregunta "a quién". El mundo incluye la depredación, así como la delincuencia, la guerra y una historia de racismo y explotación. Aun así, la idea que se impone entre los defensores de la no violencia es que debemos aspirar a extender el círculo de preocupación tanto como sea posible para evitar el tipo de privilegio y jerarquía que son el núcleo de la violencia directa/abierta y la estructural/sistemática. Se dice que Albert Einstein, que era un pacifista apasionado, afirmó en unas líneas muy citadas que debemos mirar más allá de nuestra ilusión de que estamos separados y que "nuestra tarea debe ser librarnos de esa prisión ampliando nuestro círculo de compasión para que abrace a todos los seres vivos y toda la naturaleza en su belleza". Otro Albert famoso, el médico Albert Schweitzer, sugirió que deberíamos ampliar el círculo de compasión bajo la rúbrica de "reverencia por la vida". Schweitzer explicó que "el círculo de la ética siempre se expande, y la ética se vuelve más profunda... El círculo que describe la ética siempre se expande."

Más recientemente, Peter Singer escribió un libro titulado *El círculo expansivo*, en el que presentó un argumento parecido. Michael W. Fox lo expresó de la siguiente forma en su libro *The Boundless Circle*: "el héroe moderno es alguien que afirma activamente ahimsa en los ámbitos personales y profesionales y, en vez de mantenerse pasivo o indiferente en relación con la miríada de delitos de violencia contra las criaturas de la creación, busca todos los medios para ampliar el círculo de protección compasiva de todas las vidas cuando hace falta... No es cuestión de dibujar una línea arbitraria que separa qué criaturas y hasta qué punto las explotamos. Más bien, debemos dibujar un círculo, un círculo ilimitado de compasión que incluya todas las criaturas y la creación dentro de nuestro respeto y reverencia". Esta puede ser otra forma de definir la no violencia, como un círculo sin límites de compasión o un círculo expansivo de respeto y reverencia por la vida.

El poder de los sin poder

A menudo se entiende la tradición de la no violencia como una respuesta a las tradiciones de violencia asociada al poder social y político. La tradición de la guerra justa, que hemos comentado más arriba, nos proporciona una serie de criterios para reflexionar sobre la justificación del uso de la violencia a nivel internacional. Esos criterios se pueden emplear para pensar en la justificación de la violencia policial, la pena de muerte, etcétera. La cuestión de cuándo y cómo puede justificarse la violencia no es una de las preocupaciones principales de la tradición de la no violencia. Un motivo de esto puede ser que la no violencia sea simplemente un método para aquellos que no disponen de armas y no tienen medios para usar la violencia con éxito. En este sentido, la violencia no es una elección moral; más bien es una alternativa práctica para los que no tienen la capacidad de participar en la violencia. Ackerman y DuVall lo expresan de la siguiente forma: "A menudo se asume que la elección de resistir de forma no violenta se toma por motivos morales, pero la historia sugiere que no es así. La mayor parte de quienes optaron por la acción no violenta en el siglo XX lo hicieron porque usar la fuerza militar o física no era viable para ellos. Ackerman y DuVall muestran que la no violencia ha sido eficaz, pero señalan que la elección de la no violencia es pragmática: es una decisión tomada después de valorar los riesgos de usar la violencia y la probabilidad de éxito. En este sentido, la no violencia puede entenderse como una herramienta de aquellos que no tienen poder para luchar contra el poder en nombre de los marginados y oprimidos. De alguna forma, la no violencia es "el poder de aquellos que no lo tienen", empleando las palabras de Vaclav Havel, el disidente que se convirtió en presidente de Checoslovaquia después de la revolución de terciopelo en 1989.

De todos modos, debemos ir con cuidado con este enfoque: por un lado, esta descripción condescendiente marginaliza y desmerece aquellos que participan en la no violencia, como si los sin poder no tuvieran la voluntad o el coraje de luchar. La no violencia también tiene un componente moral que va más allá de este pragmatismo. Los defensores de la no violencia en la tradición de la no violencia no llaman a la no violencia simplemente porque no tienen acceso al poder, como si fueran a abandonar su compromiso con la no violencia cuando alcanzaran el poder y fueran capaces de usar la violencia impunemente. Más bien, los defensores de la no violencia creen que la no violencia es superior desde el punto de vista moral y más eficaz que la violencia para llegar a resultados moralmente aceptables. Los defensores de la no violencia no la entienden como una simple herramienta solo para los sin poder. De hecho, suelen imaginar una transformación del poder social y político en general hacia la no violencia. De alguna forma, el sueño de la no violencia es un mundo transformado de tal manera en que la distinción entre poderosos y sin poder se disipe y que la no violencia sea el modo principal de interacción social y política en un mundo comprometido con la verdad, el amor y la justicia. Los llamamientos recientes en los Estados Unidos a "defund the police" (desfinanciar la policía) son parte de esta idea, así como los llamamientos a la abolición de las prisiones.

No todos aquellos que sufren bajo sistemas poderosos y opresivos son partidarios de la no violencia. Hay otros como Malcolm X y Frantz Fanon que llaman a la violencia en esos casos. Malcolm es conocido por la frase "por todos los medios necesarios": él afirmaba que él y su organización querían libertad, justicia e igualdad "a través de todos los medios necesarios". Hizo un llamamiento a la comunidad afroamericana a defenderse de la violencia. En un discurso en 1964, afirmó "El tiempo de que permitamos de forma no violenta que nos maltraten se ha acabado. Sed no violentos solo con quienes sean no violentos con vosotros". Los defensores de la no violencia, por supuesto, discrepan: insisten en emplear la no violencia la mayor parte (o todo) el tiempo, incluso en la respuesta a alguien que es violento. La demanda de Malcolm es sobre la defensa propia, pero también sobre el autorrespeto en una sociedad racista que permitía a los blancos ser violentos con los negros, mientras desarmaba sistemáticamente a los negros. Malcolm sostenía que el uso de la violencia por parte de los negros sería solo una cuestión de igualdad y justicia: los negros deben tener el mismo poder de usar la violencia que los blancos (y que la policía y autoridades blancas y racistas de la era de Jim Crow). Que los negros se negasen a usar la violencia en esta situación sería una aceptación a someterse a este tipo de desigualdad y desapoderamiento.

Fanon va más allá: afirma que, si los sin poder y marginados evitan la violencia, renuncian a una herramienta que no solo es eficaz, también es liberadora simbólicamente. Fanon sugiere que cuando los colonizados recurren a la violencia, no es su culpa. Más bien, es lo que llama el "bumerán" de la violencia, la violencia del opresor se vuelve en su contra. Fanon afirmó que la descolonización siempre es violenta ya que surge de la condición previa de violencia. Pero, más importante aún, es a través de la violencia que aquellos que luchan por la liberación, se demuestran al mundo y a ellos mismos que son seres humanos. Fanon afirma que aquellos que luchan por la liberación trabajan "por la muerte del colonizador". Sostiene que "el hombre colonizado se libera con y a través de la violencia. Esta práctica ilumina el militante porque le enseña los medios y el fin". Sartre reiteró estas palabras en su prefacio a *Los condenados de la tierra*, que los que defienden la no violencia no entienden que la estructura entera está podrida y que llamar a la no violencia es un tanto egoísta e hipócrita viniendo de aquellos que se benefician y están impregnados de no violencia. Esta crítica la han retomado recientemente Ward Churchill y otros autores que sugieren que la no violencia es una "patología de los privilegiados", algo que interesa al opresor; y si los oprimidos llaman a la no violencia tal vez sea porque les han lavabo el cerebro de tal manera que se identifican con el opresor y su llamamiento a la no violencia.

Como respuesta a estas críticas, los defensores de la no violencia han presentado una serie de respuestas. En primer lugar, los defensores de la no violencia argumentan que la no violencia es más eficaz desde el punto de vista práctico que la violencia, en especial para aquellos que no tienen poder de forma sistemática. En una disputa armada entre el estado y un grupo minoritario, suele ganar el estado. Además de este argumento, los defensores de la no violencia aseguran que lo que hace falta es no violencia creativa que funcione de verdad empleando varias tácticas informadas por la creciente ciencia de la no violencia. En segundo lugar, los defensores de la no violencia apelan a los argumentos morales, afirmando que la no violencia es moralmente superior. Una tercera respuesta es que la no violencia viene de una tradición coherente profunda, como una tradición religiosa.

Estas respuestas, práctica, moral y religiosa, nos ayudan a demostrar que la no violencia no es un patético último recurso para los sin poder. A nivel práctico, si el objetivo es generar cambio social y político para transformar el sistema de poder, la no violencia puede ser la elección sabia y prudente. Aunque no siempre es verdad. Sin embargo, en los movimientos sociales y transformaciones revolucionarias, debemos emplear la estrategia. Los defensores de la violencia la suelen celebrar porque es un poder que satisface emocionalmente. Es satisfactorio atacar a los enemigos. La violencia satisface las emociones como la ira y el resentimiento. También deja huella y es una declaración. Pero si la violencia tiene represalias y una escalada de la opresión, ya no es una herramienta tan útil. Además, las estrategias desarrolladas de la no violencia no son simplemente súplicas de compasión; pueden ser coercitivas y poderosas. A nivel moral, como hemos estado argumentando, hay una visión de un mundo mejor en la no violencia, que es igualitaria, democrática y justa. En la búsqueda de una transformación a largo plazo de la vida social y política, esta visión de un mundo mejor es una inspiración y guía para nuestras acciones a corto y medio plazo. Esta visión también es inclusiva, permitiendo que los antiguos enemigos se reconcilien en nombre de un mundo transformado a mejor. Finalmente, en relación con las tradiciones religiosas, vale la pena mencionar que las tradiciones del mundo hacen hincapié en la no violencia y celebran la paz. Hay una historia mundial coherente sobre la necesidad de convertir los arados en espadas, lo llamemos como lo llamemos, *pax*, *shalom*, *salaam*, o *ahimsa*.

Es verdad que la religión no violenta puede parecer una posición minoritaria, y algunas de las voces importantes de esta tradición son marginadas y sin poder, lo cual reitera el problema de si la no violencia debería entenderse como simplemente el poder de los sin poder. Sin embargo, se están haciendo esfuerzos para transformar las tradiciones religiosas y morales principales hacia una dirección más no violenta. La Iglesia Católica ha llegado a defender un tipo de pacifismo en su llamada a una ética de vida coherente opuesta al aborto, la eutanasia, el suicidio, la pena de muerte y la guerra. Esta transformación es destacable teniendo en cuenta la defensa histórica de la pena de muerte y su papel central en las cruzadas y el desarrollo de la tradición de la guerra justa. Esta transformación del catolicismo nos muestra que la no violencia no es solo para los sin poder. Otras reinterpretaciones parecidas han tenido lugar en otros contextos. Por ejemplo, académicos islámicos han trabajado para demostrar el compromiso musulmán con la no violencia y la paz. Y en la vida política en todo el mundo ha habido un movimiento importante hacia la no violencia: la pena de muerte se está aboliendo gradualmente, la violencia sexual y de género se está analizando con lupa, el castigo corporal en las escuelas ha cambiado radicalmente, y se ha desarrollado un sistema internacional con el objetivo de prevenir y limitar la guerra. Parece obvio que la no violencia ya no es solo un tema de los sin poder, su valor está creciendo incluso para los poderosos.

La no violencia normal y el programa constructivo

La no violencia es una cuestión mucho más amplia que la de la creación de una revolución social y política por parte de la gente oprimida. El contexto revolucionario es más llamativo y espectacular. Las acciones revolucionarias hacen destacar la cuestión de la no violencia, ya que las fuerzas de la no violencia se levantan ante el monopolio de la violencia del estado. Los revolucionarios son figuras inspiradoras y heroicas, pero también existe un tipo de no violencia menos llamativo y más extendido: la no violencia de la vida ordinaria y una visión positiva de la vida no violenta. Esto está conectado con el programa constructivo que pretende crear una vida social no violenta aquí y ahora.

Hay partes importantes de nuestra vida que simplemente no son violentas: cuando trabajamos, jugamos, pensamos, creamos arte, etcétera. Predgrag Cicovacki expresa la idea de Gandhi y Schweitzer de la no violencia como "forma de vida" de la siguiente manera: "Si consideramos nuestro comportamiento diario, observamos que en la gran mayoría de casos, la gente se comporta de forma no violenta entre sí. Cientos de naciones viven en paz, pero la historia ignora este hecho y solo documenta las guerras y las disputas". La vida *normal* de un negocio, una familia, una ciudad o una nación, suele ser no violenta (o debería serlo).

Encontramos violencia de forma ocasional: violencia doméstica, violencia en el trabajo, delincuencia y guerra. Pero se trata de fallos anómalos de la vida social. Cuando se arreglan esos fallos anormales, el objetivo es volver a la vida normal no violenta: volver a trabajar, jugar, educar y vivir.

Como señala Cicovacki, esto se aplica también a nivel internacional. Desde luego, los llamados realistas lo discutirán. Inspirados por intuiciones de la obra de Thomas Hobbes y Carl von Clausewitz, los realistas afirman que el escenario internacional está estructurado por la guerra, lo cual es "la política por otros medios". Sin embargo, existe una teoría opuesta según la cual la paz internacional se expande a medida que se desarrolla la democracia, los derechos humanos, el comercio, el capitalismo y el imperio de la ley. Esta idea, llamada teoría de la paz democrática, teoría de la paz capitalista o teoría del internacionalismo liberal, encuentra sus raíces en el pensamiento de los pensadores de la ilustración como Immanuel Kant, Adam Smith y Montesquieu. En efecto, tenemos pruebas de que tanto en asuntos nacionales como internacionales, el mundo se está volviendo menos violento. Steven Pinker ha presentado varias pruebas empíricas e históricas que muestran que la violencia se reduce a medida que el capitalismo, la globalización y la tecnología hacen que la gente sea más feliz, sana y menos propensa a la violencia. Pinker relaciona la paz con una subida del nivel de vida: la prosperidad hace que se reduzca la violencia ya que "los países más ricos, en general, entran en menos guerras entre sí, son menos propensos a sufrir guerras civiles, más propensos a ser y mantenerse democráticos, y respetan más los derechos humanos". La prosperidad es un resultado del capitalismo, el comercio, la innovación tecnológica, desarrollo moral, sistemas sociales estables, política representativa/democrática y de otras innovaciones desarrolladas bajo el título de lo que Pinker llama "ilustración".

Incluso quienes facilitan la violencia son no violentos la mayor parte del tiempo. Un sádico comprometido no se pasa todo el día destruyendo: duerme, come, hace la compra, y obedece las normas. Instituciones como un campo de concentración puede entenderse como una operación violenta sin pausas a nivel industrial. Pero incluso dentro de las instituciones y estructuras de violencia, hay un tipo de no violencia cotidiana entre los guardias y quienes facilitan la violencia. Hay algo parecido a lo que Hannah Arendt describió como la banalidad del mal. El problema de la violencia institucional y estructural es que, desde un cierto punto de vista, parece normal. Una sociedad esclavista no consiste en estar las veinticuatro horas el día los siete días de la semana pegando latigazos. Una vez el esclavismo está normalizado, hay un tipo de no violencia que se mantiene dentro del sistema entre amenazas, palizas y brutalidad. Eso es, de hecho, el motivo porque los críticos de la violencia estructural se centran en la necesidad de la participación critica en un cambio radical: a menudo no vemos la violencia estructural porque en la superficie, las cosas tienen una apariencia de no violencia.

Los temas a debatir aquí son el poder, la identidad y la direccionalidad de la violencia. Consideren el caso de la violencia racial y otros tipos de violencia social, incluyendo violencia evidente y formas más sutiles de violencia racial estructural. Si bien los racistas participan en actos violentos contra la otra raza, el racista es no violento con los miembros de su propia raza. La violencia dirigida contra el otro es un esfuerzo para excluir o eliminar al otro del grupo. El grupo se entiende como el grupo de privilegiados con quien internamente el racista es no violento. En efecto, las sociedades jerárquicas desiguales donde hay violencia estructural, las instituciones y sistemas de poder están allí, aunque parezca mentira, para eliminar la violencia evidente. El objetivo de la violencia estructural es en realidad un tipo de no violencia. Claro, eso es perverso, ideológicamente complicado y al parecer incoherente. Pero al reconocer esto comprendemos el problema que lleva a las demandas de no violencia normativa. Los defensores de la no violencia argumentan que sería mejor que todo el mundo practicara la no violencia durante todo el tiempo y con todas las personas. Y, claro, sería mejor si la violencia estructural se eliminara y todos pudiéramos participar por igual en los bienes de la no violencia, que la clase gobernante o la raza dominante se guarda para sí misma.

En un sistema con violencia estructural, la apariencia de no violencia crea una esfera de inmunidad de la violencia, lo que dificulta ver la violencia que acecha bajo esa superficie. La clase o raza gobernante practica la no violencia la mayor parte del tiempo con aquellos que ve como iguales en la escala social y quienes son inmunes a la violencia. Pero "el otro" no tiene la protección del círculo de inmunidad privilegiada. Este problema ocurre incluso en países democráticos. Los ciudadanos tienen protecciones que los que no lo son no tienen. Los que tenemos la suerte de disfrutar de los privilegios de la economía capitalista del mundo desarrollado ignoramos, por ejemplo, la violencia (fuerza destructiva) que tiene lugar en la economía mundial como prácticas de explotación laboral que impulsan la sociedad del consumo. Aparece una característica similar cuando extendemos nuestra reflexión a quién merece inmunidad de la violencia para incluir a los animales. Una dieta carnívora depende de un sistema de violencia industrializada contra los animales. Pero los carnívoros (si aceptamos que eso es violencia) se comportan de forma no violenta en general con los miembros de la especie humana. Los carnívoros pueden quejarse diciendo que no se trata de violencia, quizás argumentando que los animales no son pacientes morales merecedores de consideración moral. Pero nuestra definición básica de violencia claramente incluiría violencia contra los animales: matar y consumir un cuerpo animal es claramente destruirlo. Sin embargo, a lo que me refiero aquí es que la identidad, espíritu o alma del carnívoro no están ligados a la violencia fundamental que alimenta su cuerpo, ve esta violencia como normal. La mayor parte de los carnívoros aman a sus familias y evitan las peleas. Son no violentos la mayor parte del tiempo, a pesar de participar en un sistema de violencia. Este ejemplo puede parecer perverso, porque comer carne se suele entender como algo normal. Sin embargo, el ejemplo muestra que la cuestión de la violencia está entretejida en la profundidad de las estructuras de nuestras vidas y en la cuestión de lo que cuenta como normal.

La no violencia amplia incluye lo que Gandhi llamó un "programa constructivo" para la vida social no violenta. El objetivo es deshacer las estructuras de violencia y construir un sistema social que sea más bueno, amable, humano y menos destructivo. Los recursos tales como imágenes de un programa constructivo se basan en una afirmación sobre la normalidad no violenta de la vida. Tenemos muchos ejemplos de ello. El programa de Gandhi incluía, por ejemplo, tejer, buscar unidad comunitaria a pesar de las diferencias religiosas, abolir la intocabilidad del sistema de castas, prohibir los estupefacientes, igualdad para las mujeres, sanidad, educación, higiene, etcétera. La visión social transformativa de Gandhi era mucho más amplia que un movimiento de protesta contra el dominio británico. Pensaba que si los indios se unían a este programa tendrían más éxito contra los británicos. También pensaba que su programa constructivo representaba una visión de una vida buena y no violenta después de que se marcharan los británicos.

En la tradición cristiana encontramos una visión distinta. Como hemos mencionado, una fuente muy citada de la tradición de no violencia es el Sermón de la montaña de Jesús (Mateo 5-7). En ese fragmento, y en el texto relacionado que Lucas llamó Sermón de la llanura" (Lucas 6), Jesús celebra la no violencia de la vida ordinaria. El fragmento más famoso ofrece una reinterpretación del viejo *lex talionis*, afirmando que no debemos pagar mal por mal, que debemos ofrecer la otra mejilla, y que debemos amar a nuestros enemigos. Sin embargo, antes de ofrecer estas propuestas de no violencia radical, Jesús nos da una lista de cosas buenas, conocidas como las bienaventuranzas. Jesús habla de ocho cosas que son bendiciones: la pobreza, la mansedumbre, la aflicción, la sed/hambre, la misericordia, la pureza, y hacer la paz. Estas son las virtudes, actividades y características de las personas que son "la sal de la Tierra", como afirmó Jesús. Jesús no solo va contra la violencia y la justicia retributiva. Más bien, llama a lo que hoy llamaríamos "justicia restaurativa" o "justicia social". El mensaje de Jesús es un mensaje contra el Imperio, pero también brinda una visión de una comunidad no violenta en la que preocuparse por los pobres y los débiles es normal, donde la gente es misericordiosa e indulgente, donde los desnudos lleven ropa y los sintecho reciban casas.

La visión combinada de Gandhi y Jesús contribuyó a influenciar el programa constructivo asociado con los movimientos para los derechos civiles de los Estados Unidos. Los activistas ayudaron a que la gente se registrara para votar, a distribuir recursos básicos y apoyaron a las comunidades locales de negros en los estados del Sur para luchar contra las leyes de Jim Crow. James Lawson, uno de los líderes de esta lucha, afirmó que vivir de forma no violenta es vivir como ciudadano de un país que aún no existe. Lo que quiere decir es que debemos vivir ahora y aquí como si la no violencia fuera generalizada y normal. Como resultado, viviremos de una forma que transformará el mundo. Lawson identificó cuatro males del mundo contemporáneo: el racismo, el militarismo, el capitalismo de las plantaciones y el machismo. Vivir de forma no violenta es vivir sin prejuicios raciales, sin recurrir a la violencia, sin voracidad ni avaricia y sin violencia sexual ni desigualdad. Lawson nos recuerda que, a fin de cuentas, la no violencia depende de nosotros. Tenemos el derecho de decidir, ahora mismo, de vivir sin machismo, racismo y similares. Es una elección de nuestra vida ordinaria y lo que entendemos por normal. Implica a todas nuestras relaciones con nuestra familia, amigos, vecinos y compañeros de trabajo. Influye en a quién votamos, lo que leemos, dónde compramos, etcétera. Consideren, por ejemplo, cómo el activista católico no violento John Dear ha centrado su atención en problemas ecológicos. Ha llamado a preparar un programa constructivo de cultura ecológicamente sostenible y no violenta. Comprendería proyectos en escuelas, iglesias y comunidades como cooperativas de alimentación, centros de educación, cooperativas financieras, iniciativas interconfesionales, y proyectos sanitarios.

Para concluir esta sección, me gustaría destacar lo siguiente: la no violencia comprende la forma en que vivimos nuestra vida y lo que damos por supuesto como normal. Los bienes de la vida son no violentos. Disfrutamos de ellos diariamente: el trabajo, el juego, el amor, la reflexión, etcétera. Sin embargo, la violencia suele interferir. Deberíamos intentar prevenir esas interferencias violentas (previniendo la delincuencia y la violencia de género, por ejemplo), y en los casos en que se produzca, debemos intentar reestablecer la vida normal y la comunidad. Todo ello comprende una crítica de la violencia estructural y un esfuerzo positivo o un programa constructivo que nos ayude a todos a vivir de forma menos violenta ahora y aquí.

La ontología social y la psicología moral de la no violencia

Las cuestiones de quién y para quién nos llevan a considerar una teoría de la vida social y de uno mismo que es central en la filosofía de la no violencia. Encontramos dos puntos de vista: el del individuo y el de la sociedad.

Empecemos con los individuos y consideremos las dinámicas, rasgos característicos y virtudes psicológicas que aparecen en la no violencia. ¿Qué tipo de personas son no violentas y qué características tiene una persona pacífica? Al observar desde el punto de vista individualista, encontramos virtudes, predisposiciones y hábitos típicos de las personalidades no violentas. Algunas de esas virtudes se han destacado en las tradiciones pacifistas del mundo. Jesús, por ejemplo, llama a la misericordia, al perdón y a la tolerancia. En otras tradiciones, como en el budismo, se hace hincapié en lo que se puede llamar simplemente "paz interior". En la filosofía y la práctica desarrolladas de la no violencia contemporánea, es común afirmar que la no violencia requiere una importante "labor interna", junto con educación, formación y disciplina. Esto es verdad tanto para la no violencia de la vida ordinaria como en el trabajo estratégico más centrado en la política de la no violencia propio de los activistas no violentos.

Para comprender la aproximación a la "paz interior" tengan en cuenta el discurso pronunciado por el Dalái Lama en su discurso de aceptación del Premio Nobel de la Paz, en el que afirmó que "la paz empieza en cada uno de nosotros. Cuando tenemos paz interior, podemos estar en paz con aquellos que nos rodean." El Dalái Lama mencionó una serie de valores que promueven la paz interior: el amor, la bondad, la felicidad y el afecto. Estos están relacionados con otros tipos de rasgos y predisposiciones que los psicólogos empiristas han identificado como características de las personas pacíficas.

La psicología de la paz

Como resumen de las investigaciones empíricas realizadas, Daniel Mayton nos ofrece una útil visión general de los rasgos y predisposiciones de las personas pacíficas. Esta investigación proviene de los trabajos realizados en la llamada "psicología positiva" (que se centra en los rasgos positivos en vez de en los negativos o disfuncionales). Algunos de los rasgos que siguen son claramente respaldados por la investigación, pero otros simplemente se sugieren en la literatura de la no violencia. Estos rasgos de las personas no violentas son los siguientes:

- simpatía
- control de la ira
- empatía
- necesidad de conocimiento (disfrutar pensando)
- espiritualidad (creencia en un poder superior)
- rechazo del materialismo
- optimismo (esperanza)
- misericordia y perdón
- felicidad

- prudencia
- autorregulación
- tomar perspectiva
- tolerancia
- bondad

Es necesario que se investigue más en el campo de la psicología de la paz, y necesitamos más programas para educar y formar a las personas en esas virtudes, rasgos y predisposiciones, por ejemplo en el campo de la educación para la paz. Sin embargo, ya se han hecho muchos avances en ese sentido y debemos tener en cuenta que las tradiciones espirituales no violentas como el budismo llevan siglos de práctica en el trabajo para cultivar la paz interior con la meditación y la práctica del *mindfulness*.

La filosofía de la no violencia cambia nuestra forma de entendernos a nosotros mismos y nuestra relación con el mundo social. Las virtudes de las personas no violentas no son solo logros personales o posesiones. Más bien, la filosofía de la no violencia señala a la concepción de uno mismo conectada con los demás y a una visión de la sociedad que destaca la interdependencia. La relación entre la paz interior y una visión transformada de la sociedad y del mundo ha sido expresada, por ejemplo, por el Alce Negro, el hombre santo de los lakotas. El Alce Negro explicó que había tres niveles de paz: la paz interior, la paz con otras personas y la paz entre las naciones. Afirmó "nunca puede haber paz entre naciones hasta que haya la paz verdadera que está dentro de las almas de los hombres".

4. El Dalai Lama en Dharamsala, India.

La no violencia nos pide que reflexionemos sobre el mundo social de forma más integrada, menos individualista. Los defensores de la no violencia tienden a pensar que las personas están interrelacionadas y que la diferencia entre uno mismo y los demás debe transformarse de forma que nos de una visión más social de uno mismo. Eso comprende una crítica de las estructuras sociales jerárquicas que llevan a la opresión y a la dominación. Esto lo ha señalado recientemente Judith Butler, quien explica que la no violencia apunta hacia la dirección de la igualdad y la interdependencia. Butler argumenta que "la ética de la no violencia no se puede predicar sobre el individualismo y debe liderar la crítica del individualismo". Butler imagina que la filosofía de la no violencia tendrá como resultado un cambio radical en nuestra forma de pensar en los cuerpos, las relaciones y las obligaciones éticas.

Puede encontrarse una idea parecida en los escritos de Gandhi y King. King afirmó que "todos los hombres son hermanos", como hemos explicado más arriba. Para evitar las jerarquías, el racismo, el machismo lingüístico, podríamos decir que "todos los seres están interrelacionados". Pero prosigamos con King como nuestro modelo. Al asegurar que "si me dañas a mí, te dañas a ti mismo", nos muestra la profundidad de la ontología social de la no violencia. King sugiere que la red de interdependencia y de interrelación es tan profunda que la lesión, la violencia y el daño son compartidos por todos nosotros. Las ideas de King dependen del concepto ideal de "la comunidad amada", que hace referencia a una comunidad que reconoce este tipo de interconexión profunda. A su vez, esa idea está basada en el pensamiento cristiano del amor y el reino de Dios. Sin embargo, también apela a ideas de Gandhi. El modelo de Gandhi se fundamenta en lo que él llama "la ley del amor". Es el poder que ayuda a organizar la vida familiar de acuerdo con la no violencia, un poder que Gandhi amplía a una concepción más general de la familia humana, en la que "la ley del amor" es la clave para resolver conflictos.

Gandhi explicó cómo esta idea transformaría completamente las relaciones sociales, por ejemplo, en relación con la intocabilidad en el sistema de castas de la India. Gandhi tenía la esperanza de que habría una transformación del estigma social, político y religioso de los intocables. Sin embargo, explicó que "me temo que aún nos queda un largo camino para llegar al día feliz en que todos seamos amos, sin sirvientes, o todos sirvientes sin amos, todos miembros de la familia humana, considerándonos todos hermanos y hermanas de sangre."

Esta idea nos demuestra el programa de la ontología social transformada de la no violencia. El ideal es un mundo sin sirvientes ni amos en el que nos veamos a nosotros mismos como miembros de la familia humana, como hermanos y hermanas. Esta metáfora puede extenderse más allá, para incluir también la idea de que todos los seres vivos estamos interconectados y somos interdependientes.

El espíritu de la no violencia ha tenido un gran impacto en el desarrollo del ecologismo. Entre los pensadores más influyentes del movimiento que se conoce como la "ecología profunda", encontramos a Arne Naess, el filósofo noruego cuya obra está basada en ideas que desarrolló a partir de su interpretación de Gandhi. Naess explicó que "Gandhi puso de manifiesto la relación interna entre la autorrealización, la no violencia y lo que algunas veces se ha llamado el igualitarismo biosférico". Igualitarismo biosférico es una forma de referirse a la ontología social transformada de la no violencia, aunque en ese caso va un paso más allá de la ontología social orientada a la sociedad humana incluyendo una visión nueva de la sociedad que incluye a todos los seres. La no violencia y el ecologismo señalan a una teoría más general de interconexión e interdependencia. Esto implica que debemos reevaluar nuestra concepción del individualismo y de uno mismo. Naess lo explica como una noción del "yo más amplio" que está conectada con la idea de la "unidad esencial de toda la vida". Aquí tenemos un eco claro de ideas que encontramos en las tradiciones hindú y jainista. La escuela de pensamiento hindú Vedanta afirma que "Atman es Brahman", que significa que el individuo está conectado o identificado con el alma del mundo o el individuo cósmico. Podemos encontrar otras ideas parecidas sobre la interconexión en otras tradiciones religiosas del mundo.

En Jesús y en la tradición judía que heredó también encontramos una declaración clara de esta forma de pensar sobre la relación entre uno mismo y los otros, por ejemplo, en el requisito de amar al prójimo igual que a nosotros mismos (Levítico 19:18; Mateo 22:39). Esta idea se conoce como la regla de oro. Esta regla de oro abre la puerta a una ontología social transformada, de tal forma que el prójimo se ve como otro individuo, merecedor del mismo amor que nos damos a nosotros mismos.

Encontramos versiones de la regla de oro en muchas otras tradiciones del mundo. Un ejemplo es el confucionismo y el taoísmo, así como el budismo, entre otras. Un ejemplo inspirador se encuentra en las escrituras de Mozi (o Mo Tzu), que defendía una ética de amor mutuo. Afirmó "Cuando todas las personas del mundo se amen las unas a las otras, las fuertes no dominarán a los débiles, los muchos no oprimirán a los pocos, los ricos no se mofarán de los pobres, los honrados no mostrarán desdén hacia los humildes, y los astutos no engañarán a los inocentes. Es gracias al amor mutuo que se evitan las calamidades, las luchas, las quejas y el odio". Mozi formula una receta para la paz positiva, un mundo sin guerras, luchas ni opresión; un mundo de amor, armonía y paz.

La afirmación de que debemos amar al prójimo como nos amamos a nosotros mismos nos pide que nos imaginemos una conexión íntima entre uno mismo y los demás. No solo nos pide que imaginemos las circunstancias del otro, también nos pide que reconsideremos nuestras ideas sobre la propiedad personal, las relaciones, la comunidad y la vida política. La vida de la otra persona tiene el mismo valor que la propia.

Esta idea nos lleva a una ética general de amabilidad amorosa, compasión y caridad que transforma nuestra concepción de uno mismo y del otro. La base es la visión de la ontología social transformada que hemos estado describiendo. Si alguien necesita algo, deberíamos dárselo, porque su necesidad nos afecta. El sufrimiento de los demás importa porque estamos interconectados: si el otro sufre, yo también. En un mundo de individualismo y propiedad privada, percibimos que cada uno de nosotros está solo, esforzándose para sobrevivir. Sin embargo, si miramos más allá del individualismo hacia la dependencia mutua, se desarrolla una idea radicalmente diferente, y empezamos a entender nuestra interconexión esencial. La visión de vida social que emerge es una visión en la que el yo y el otro están íntimamente relacionados y en el que la concepción ordinaria del individualismo y de la propiedad privada está radicalmente transformada.

Puede que esta idea suene imposible, pero la metáfora que guía esta idea demuestra que no es totalmente absurda. Es decir, la metáfora de la vida familiar y la "analogía doméstica" del pacifismo, que afirma que todos somos hermanos y hermanas. Esta idea nueva de la vida social nos pide que cambiemos nuestras formas individualistas de pensar en nosotros mismos, el otro, y el mundo. Esta transformación la puede facilitar la psicología de la paz y los rasgos de las personas pacíficas y, a su vez, una ontología social transformada contribuiría al desarrollo de estas características.

La no violencia para los poderosos

La no violencia se ha descrito a menudo como un tipo de poder para los sin poder, un método que pueden emplear los que no tienen poder social y político. Sin embargo, la no violencia también puede ser empleada por los poderosos. En efecto, la mejor forma de crear un mundo más pacífico es que los poderosos sean menos violentos. El cambio de ontología social imaginado por la no violencia deja clara esta idea. Si creamos un mundo en el cual no hay esclavos ni amos, debemos conseguir que los amos renuncien a su monopolio de la violencia. El resultado debería ser un cambio de nuestra forma de organizar y distribuir el poder social. Cuando triunfe la no violencia, todos los partidarios de la no violencia trabajarán para desarrollar las características de las personas pacíficas que hemos descrito más arriba (amabilidad, misericordia, etcétera). La sociedad también encontrará formas de desescalar los conflictos y cambiar la forma en que se emplea el poder.

Espero que baste con este ejemplo para explicar cómo la no violencia puede cambiar el poder institucional: el ejemplo de la justicia restaurativa. La justicia restaurativa es una alternativa no violenta a la violencia típica que encontramos en los sistemas tradicionales de justicia penal. Cuando la gente pide que se desfinancie la policía o que se abolan las prisiones, a menudo recurren a la justicia restaurativa como alternativa para mantener el orden social.

En las aproximaciones tradicionales a la justicia penal, la policía, los juzgdos y las prisiones poseen un monopolio del uso de la violencia. Los policías disparan, pegan y arrestan a las personas, y a menudo lo hacen con un tipo de impunidad que les otorga la sociedad en el nombre de la ley y el orden. Los juzgados pueden forzar a los acusados (incluso con torturas físicas y violencia psicológica, las cuales eran típicas de los interrogatorios premodernos pero que se volvieron a aplicar bajo la etiqueta de "interrogación mejorada" en la guerra contra el terrorismo de los Estados Unidos). Una vez se llega al veredicto, el sistema de justicia penal emplea la fuerza y la amenaza de violencia para confinar a los delincuentes en la prisión. En algunos casos, se emplea violencia en forma castigos físicos, con la pena de muerte como caso más extremo.

La violencia de este sistema se suele justificar de dos formas: 1. Con argumentos utilitaristas sobre la necesidad de disuadir y evitar la delincuencia; y 2. Con una explicación más deontológica de la justicia retributiva. La justicia retributiva está muy relacionada con la violencia, ya que se basa en la idea de "ojo por ojo" y "vida por vida", que es otra forma de afirmar que "la violencia debería contrarrestarse con violencia". Los argumentos utilitaristas sobre la disuasión y la prevención tampoco ven con malos ojos el uso de violencia como parte del proceso, afirmando que el fin (reducir la delincuencia) puede justificar los medios (emplear la violencia para disuadir y prevenir la delincuencia).

La alternativa no violenta a la justicia retributiva y a la disuasión/prevención violenta se conoce como justicia restaurativa. Una idea emergente muy relacionada con ella es la justicia relacional. La justicia restaurativa tiene como objetivo restaurar y reconstruir en vez de tomar represalias. La justicia relacional busca sanar las relaciones escuchando, cuidando y dando apoyo a todos aquellos que sufren la delincuencia y la violencia, como víctimas, los delincuentes, y el resto de la comunidad. Estas ideas alternativas sobre la justicia penal no ignoran ni restan importancia a las consecuencias de la delincuencia. Tampoco mandan solo el mensaje de "perdonar y olvidar". No es posible imaginar un sistema de justicia centrado en el perdón. Esta sería una elección personal o individual, no una aproximación sistemática a la justicia. En vez de buscar el perdón, la justicia restaurativa puede describir su objetivo como "recordar y sanar". En la justicia restaurativa se reconocen los daños, pero en vez de "castigar" por los delitos (entendiendo el castigo como el uso de violencia), el objetivo es proporcionar reconciliación, remedio, rehabilitación y restauración. En vez de emplear violencia contra los autores del crimen, la justicia restaurativa busca formas de aunar a los autores y a las víctimas, reconstruir relaciones rotas y sanar y restaurar la comunidad.

Esta idea se ha aplicado con éxito en escuelas y en casos de delincuencia juvenil. Los ejemplos más fáciles de justicia restaurativa son de delitos no violentos como delitos contra la propiedad. La justicia restaurativa puede ser más difícil de aplicar en relación con delitos violentos como violaciones o asesinatos. Algunos argumentarían contundentemente que sería incorrecto emplear la justicia restaurativa en casos de delitos violentos. Sin embargo, hay pruebas de que las víctimas de crímenes violentos pueden verse beneficiadas por esos esfuerzos restaurativos, que les pueden ayudar a empoderarse y a validar su experiencia de una forma en que otras formas de justicia penal no lo hacen. Los modelos restaurativos también se han puesto en práctica en casos de violencia social y política a gran escala. El caso más famoso es el proceso "Verdad y Reconciliación" de Sudáfrica, liderado por Desmond Tutu, que ha sido un modelo a seguir para otras comisiones de verdad y reconciliación en otros países. Los métodos y objetivos de la justicia restaurativa incluyen reconocer públicamente la verdad sobre el delito y el daño causado, responsabilizar a los autores del delito (sin entender la responsabilidad solo en términos de responsabilidad por castigo violento), encontrar formas de reparar los daños, y dar apoyo y empoderamiento a las víctimas del delito. Howard Zehr, un importante defensor de la justicia restaurativa, explica que esta práctica depende de las tres R: respeto, responsabilidad y relación.

5. Samuel L. Jackson y el arzobispo Desmond Tutu en la celebración de su 75 cumpleaños celebrado en compañía de otros invitados en el *Regent Beverly Wilshire Hotel* en Beverly Hills, Estados Unidos, el 18 de septiembre de 2006.

Además, debemos mencionar que la justicia restaurativa, que tiene lugar después de que ocurra un delito, se suele considerar en conjunto con otros esfuerzos más proactivos de reconciliación y mediación que buscan evitar el daño, desescalar el conflicto, reducir la polarización e incentivar una relación más positiva. Aquí debemos tener en cuenta esfuerzos de diálogo de la comunidad, proyectos de arte o de deporte, proyectos educativos, etcétera, para reducir el odio y prevenir la violencia. Estos esfuerzos a veces se describen como proyectos de "construcción de paz" o de "establecimiento de la paz". Estos trabajos preventivos, combinados con prácticas de justicia restaurativa, son formas en que las estructuras de poder pueden ser menos violentas.

Puede añadirse mucho más sobre estas alternativas no violentas, sin embargo, mi intención aquí ha sido destacar una de las formas en que podríamos transformar las estructuras de poder hacia una dirección no violenta. Se podrían considerar muchos aspectos en relación con la no violencia para los poderosos, entre ellos los que siguen: armas y tácticas no violentas en el ejército, policía no violenta, pedagogía no violenta, economía no violenta, y crianza no violenta. Las estructuras de poder, desde el ejército a las escuelas, la economía y la familia, pueden ser menos violentas. La no violencia no es solo una táctica que emplean los que no tienen poder para quejarse de las injusticias sociales y del poder político. También puede concebirse como un conjunto de principios y prácticas que pueden usar quienes tienen poder para cambiar las estructuras de poder.

Capítulo 4

El cómo y el porqué de la no violencia

En este capítulo consideraremos el papel de la no violencia en las luchas por el poder, así como el por qué y el cómo la no violencia debe emplearse en los movimientos sociales. Algunas de las cuestiones claves que analizaremos son: cómo la no violencia transforma el diferencial de poder, la diferencia entre la aproximación pragmática y la aproximación de principios de la no violencia, la importancia de la no violencia en la democracia y la relación de la no violencia con las críticas del poder. También trataremos los métodos de protesta social y de la política extrainstitucional, así como el abanico de estrategias de la no violencia, incluyendo la desobediencia civil.

El jiu-jitsu moral y político

Los estudios empíricos demuestran que la no violencia suele ser más eficaz que la violencia. No siempre es eficaz (no hay ningún método que siempre funcione), pero suele funcionar. ¿Por qué? Una respuesta puede ser la coordinación de medios y fines de la no violencia, especialmente en relación con los valores democráticos. La no violencia tiende a actuar para promover los derechos humanos, la justicia social y otros valores democráticos porque la misma no violencia representa estos valores con los métodos que emplea. Pero antes de explorar el poder democrático de la no violencia, consideremos otra explicación que encontramos en los análisis de la no violencia: la idea de la no violencia como jiu-jitsu moral o político. La idea general, importada de las artes marciales asiáticas, es emplear la fuerza del oponente en su contra. El jiu-jitsu ha evolucionado como una técnica con la que un combatiente débil y sin armas puede responder a ataques agresivos de oponentes más fuertes y armados. Las técnicas de este arte marcial comprenden el bloquear ataques, redirigir el golpe del ataque y usar la fuerza y el impulso del oponente para desequilibrarle. El jiu-jitsu ayuda a los que tienen menos fuerza a responder y manipular a los que tienen más. Tanto Richard Gregg como Gene Sharp han usado este concepto básico para describir cómo la no violencia funciona en el campo de la política.

Richard Gregg fue un estadounidense que popularizó los métodos gandhianos a partir de los años treinta. Su libro *The Power of Nonviolence* (el poder de la no violencia), publicado por primera vez en 1935, fue leído por Martin Luther King cuando era estudiante. King escribió el prólogo de la tercera edición del libro publicada en 1958. Cabe destacar dos cuestiones: 1. Gregg sugiere que el jiu-jitsu no violento debe proceder de una sabiduría o iluminación psicológica y espiritual y 2. Gregg reconoce que uno de los componentes más poderosos de la no violencia es el "sufrimiento voluntario". En su explicación de porqué funciona, Gregg sugiere que aquellos que emplean la no violencia esperan que sus ataques se respondan con violencia. Los que facilitan la violencia ven el mundo a través de una lente de violencia. Están preparados para responder a la violencia con más violencia. El objetivo en ese tipo de enfrentamientos es establecer la supremacía, entendida como dominación a través de la fuerza física. Gregg explica que la no violencia usa la suposición del uso de la violencia para desarmar a los violentos, negándose a participar en la violencia. Eso es lo que Gregg llama "jiu-jitsu moral". Hay un elemento de sorpresa en la no violencia que desequilibra al atacante cuando el agente no violento rechaza participar en actos violentos. El atacante violento está preparado para lidiar con una respuesta violenta. De hecho, puede que en realidad el atacante quiera una respuesta violenta, ya que esto le permitiría demostrar su poder violento superior. Pero la respuesta no violenta supone un cambio de tema: pasamos de la superioridad física a una consideración de valores morales. El sufrimiento voluntario es una forma de demostrar el compromiso de la persona no violenta con esos valores. Una de las formas en que la no violencia funciona, desde este punto de vista, es que el atacante llegue a comprender que es inútil atacar a aquellos que no van a responder con violencia y que no son disuadidos con la amenaza del uso de más violencia.

Todo esto se combina con el efecto negativo de la violencia unilateral en los espectadores, las terceras partes y la opinión pública. Durante las manifestaciones de *Black Lives Matter* de 2020, cuando la policía atacó a manifestantes pacíficos, creció el apoyo a esas manifestaciones. En efecto, la violencia de la policía sirvió para demostrar exactamente el motivo de las manifestaciones, que era la brutalidad policial, especialmente la brutalidad policial hacia personas negras no armadas. Cuando una manifestación política se vuelve violenta, es fácil culpar a los manifestantes de haber incitado a la violencia. Sin embargo, como afirma David Cortright, "como regla general, la no violencia atrae apoyo, mientras que la violencia lo repele". Por ello es necesario que los agentes de la no violencia se mantengan firmes y coherentes en su no violencia. Si bien es tentador recurrir a la violencia y atacar como respuesta a la violencia, el hecho de recurrir a ella puede socavar la benevolencia generada entre las terceras partes, así como el apoyo de posibles detractores del grupo dominante. Esto ocurrió en 2020, por ejemplo, cuando empezaron los saqueos y los incendios provocados en las manifestaciones de BLM. Los saqueos tienden a alejar a posibles simpatizantes, que tienden a ver la violencia de las manifestaciones como una amenaza.

Consideren el ejemplo de una manifestación entre dos grupos rivales, el Grupo A y el Grupo B. La manifestación empieza cuando el Grupo A ocupa un espacio público, con pancartas, cantando, etcétera. Los contramanifestantes del Grupo B se presentan y responden. También se involucra la policía, que vigila el espacio. Ahora imaginen que el Grupo B provoca al Grupo A generando una pelea. Los miembros del Grupo A responden y empiezan los puñetazos. La policía se involucra. Tanto los miembros del Grupo A como los del Grupo B responden atacándose entre sí y también a la policía. La violencia se vuelve en contra de la policía y empieza a escalar. La policía usa gas lacrimógeno. Miembros de ambos grupos son arrestados, y los espectadores y testigos quieren culpar a alguien. La policía culpará a ambos grupos y será difícil reconstruir los hechos y saber quién fue el primero en atacar. En todo caso, la cuestión de quién pegó primero se verá eclipsada por la histeria general del conflicto. La cuestión por la que el Grupo A estaba manifestándose será eclipsada por la violencia de los acontecimientos. El sistema judicial y los medios de comunicación se centrarán en la violencia e ignorarán el problema original.

Ahora bien, si cambiamos el escenario y el Grupo A responde de forma no violenta a las provocaciones del Grupo B, puede que las cosas tengan un resultado distinto. El Grupo B quedará como el grupo violento de matones. Si la policía toma medidas severas, será para ayudar al Grupo A arrestando a los miembros del Grupo B. Como consecuencia, la causa que el Grupo A está defendiendo se verá de forma más positiva.

Cambiemos otra vez de escenario, esta vez la policía arresta a miembros de ambos grupos. Imaginen que el Grupo B, que está comprometido con la violencia, contraataca y se resiste al poder de la policía. La violencia escalará y el Grupo B volverá a desacreditarse a ojos de la opinión pública. Serán descritos como terroristas o anarquistas luchando contra la policía. Ahora imaginen que los miembros no violentos del Grupo A permiten que les arresten sin resistirse. Quizás incluso sufrirán palizas y trato indigno por parte de la policía negándose, aun así, a contraatacar. Eso mandaría un mensaje distinto. Imaginen que incluso el *establishment* político intenta representar al Grupo A como otro grupo de anarquistas o terroristas, pero las imágenes de la policía atacando a manifestantes no violentos demostrarán que es mentira.

La noción de sufrimiento voluntario es uno de los puntos complicados de la teoría y la práctica de la no violencia. Los críticos de la no violencia alegan que es incorrecto no defenderse en esos casos, ya sea ante los asaltos del grupo rival o ante la policía. Los defensores extremos del derecho a la defensa propia afirmarán que quienes son atacados tienen el derecho de contraatacar. Incluso algunos afirmarían que no contraatacar es mostrar cobardía o falta de autorrespeto. Los defensores de la no violencia responden de varias formas a esta crítica. Algunos defensores de la no violencia relacionan el sufrimiento voluntario con un esquema metafísico más. Puede que algunos sugieran que hay algo como el "karma" en el universo: un sistema de causa y efecto que garantiza que cuando las buenas personas son atacadas, hay un proceso a largo plazo que equilibra los daños y los beneficios. En la tradición cristiana, subyace la idea del juicio divino, que funciona de forma parecida. Martin Luther King explicó que "el sufrimiento inmerecido es redentor". Conectó este principio a ideas que encontró en la obra de Gandhi, que afirmó que con el sufrimiento se aprenden cosas de importancia fundamental. Para un cristiano como King, esta idea puede conectarse con el modelo de Cristo, cuya muerte en la cruz nos redimió del pecado. Sin embargo, no es necesario ser cristiano para aceptar una explicación menos metafísica del poder del sufrimiento voluntario. Los testigos y las terceras partes pueden inclinarse a favor de los no violentos al ver cómo violentos poderosos atacan cruelmente a personas no violentas. Esto también puede causar un impacto positivo en miembros de otros grupos de manifestantes que pueden desarrollar más solidaridad e inspirarse para esforzarse más cuando los miembros de su grupo sufren violencia.

Gene Sharp modernizó la idea de Gregg del jiu-jitsu moral, llamándolo "jiu-jitsu político". Según Sharp, el poder político se basa en el consentimiento de los gobernados. Cuando los partidos políticos usan la violencia contra los manifestantes no violentos, eso sirve para menoscabar esta estructura de consentimiento, ya que la gente empieza a ver al estado como una entidad opresora. Sharp afirma "Las luchas no violentas tienen el potencial de quitar el poder a un gobierno". Sharp se refiere a que cuando el estado debe recurrir a la violencia, su poder a menudo ya flaquea. Cuando se responde a la violencia con no violencia, y cuando la simpatía y la solidaridad con el movimiento crece, el estado se encuentra en una situación precaria. En un sistema político que requiere un apoyo importante de las personas, no hay mucha necesidad de violencia: las personas obedecen porque creen que el sistema trabaja para ellas y en su interés; también comparten un acuerdo básico sobre valores. Sin embargo, en un sistema opresivo que no se basa en este tipo de apoyo, el estado recurre a la violencia para establecer su poder, esperando que el resultado sea la conformidad. Quizás el estado pueda justificar su violencia como respuesta a la oposición violenta asegurando que hay una necesidad de seguridad y de "ley y orden". Pero estas afirmaciones pierden su sentido si la oposición no es violenta. Por ello, la no violencia puede poner de manifiesto la decadencia moral del estado. Las fuentes de poder ordinarias y más estables (con el consentimiento de los gobernados) son insuficientes cuando hay un movimiento de protesta importante, y los llamamientos del estado al orden son poco persuasivos cuando la oposición se mantiene no violenta.

El poder democrático de la no violencia

La concepción ideal del poder político en la labor de la no violencia es fundamentalmente democrática. La no violencia funciona porque, como explica Gene Sharp, "el ejercicio del poder depende del consentimiento de los gobernados que, al retirar ese consentimiento, pueden controlar e incluso destruir el poder de su oponente". En su visión del *jiu-jitsu* político, es esencial una concepción democrática de la política. Sharp explica que la represión de los resistentes no violentos acaba rebotando contra la violencia represiva, debilitando así su poder y que "al permanecer no violentos mientras la lucha sigue, los resistentes pueden mejorar su propia posición de poder". Sharp identifica tres formas en las que la resistencia no violenta funciona frente al poder político represivo:

1. alienando el apoyo al poder represivo entre los "partidarios habituales"
2. aumentando el poder y el apoyo del movimiento de resistencia
3. poniendo a terceros en contra del grupo represivo

Generalmente, que el poder político represivo use la violencia contra los resistentes no violentos provoca que el poder represivo quede expuesto, como dice Sharp, "a la peor luz posible". Puede que esto tenga como consecuencia deserciones entre el grupo dominante, incluso de políticos que cambien de partido, policías que se nieguen a cumplir órdenes y motines en el ejército. Puede llevar a los miembros del partido de la oposición a aumentar sus esfuerzos y a alentar a otros a que se unan al esfuerzo y sean más activos en sus protestas. Sharp explica que "la represión puede legitimar el movimiento de resistencia" y que "la represión puede aumentar la determinación de los resistentes no violentos existentes y, en ocasiones, es posible que aumente el número de resistentes". Y, por último, los terceros pueden llegar a dar un apoyo más activo al movimiento de protesta, ya sea en los medios de comunicación, en la comunidad empresarial nacional o en la comunidad internacional.

La idea del sufrimiento voluntario y las estrategias del *jiu-jitsu* no violento conducen a una problemática pregunta de estrategia: ¿sirve a los intereses de un movimiento de protesta no violento que lo ataquen? Puede parecer que lo que quiere el manifestante no violento es, de hecho, que lo ataquen, pues se pueden obtener beneficios al responder a esos ataques de manera no violenta. Los críticos de la no violencia podrían argumentar que esto demuestra una especie de hipocresía pasivo-agresiva en la no violencia, que manipula a un oponente para que ataque y luego culpar al atacante. Ciertamente, sería mejor no ser atacado. Sería mejor si las instituciones no fueran represivas y si se respetaran los derechos humanos y prevaleciera la justicia social, pero, generalmente, las estrategias de no violencia entran en juego en circunstancias en las que ese no es el caso. Así, el defensor de la no violencia puede responder a la acusación de hipocresía diciendo que no manipularon a las fuerzas violentas y represivas para atacarlos, sino que, simplemente estaban exponiendo la represión y la violencia de un *status quo* injusto.

La no violencia recta y pragmática

Ahora que ya tenemos una idea preliminar de cómo funciona la no violencia, consideremos por qué uno puede optar por empezar a emplear técnicas no violentas. Una cuestión importante que hay que mencionar es que uno no tiene que ser pacifista para practicar la no violencia. Se puede escoger la no violencia por razones estratégicas y pueden hacerlo incluso aquellos que no estén comprometidos con la idea de que la violencia está mal. Un motivo obvio para no usar la violencia es la falta de armas, oportunidades, práctica y apoyo. Esta es una de las razones por las que la no violencia se entiende a veces como el poder de los sin poder. Esto podría significar que la no violencia se usa como una medida de precaución por parte de los que carecen de la capacidad de emerger victoriosos de un conflicto violento. Existen otras reflexiones prudenciales acerca de la eficacia. Es importante preguntarse qué funciona, qué nos podemos permitir, qué somos capaces de hacer y qué estamos dispuestos a arriesgar. Este tipo de cuestiones son simplemente pragmáticas; implican preocupaciones prácticas, estratégicas y prudenciales.

Esta clase de razonamiento dista bastante de un compromiso más recto con la no violencia. En ocasiones, el compromiso recto con la no violencia se denomina "pacifismo". No obstante, el pacifismo es una idea compleja y admite varias interpretaciones (tal como hemos tratado en el capítulo anterior). Algunas formas de pacifismo simplemente se oponen a la guerra, que es una violencia política masiva y organizada. Sin embargo, los pacifistas antiguerra pueden no oponerse a la violencia en todas las circunstancias. Por eso, algunos manifestantes antiguerra han usado la violencia en sus protestas contra la guerra (como, por ejemplo, durante la era de Vietnam en la historia de Estados Unidos). Sin embargo, otros adoptan un enfoque más total y completo respecto al pacifismo y la no violencia.

Algunos autores como Barry Gan y Andrew Fitz-Gibbon han diferenciado entre "no violencia selectiva" y "no violencia completa". La no violencia completa sería una forma de pacifismo total o "absoluto", mientras que la no violencia selectiva estaría conectada a lo que a veces llamamos "pacifismo contingente". Para nuestros propósitos, centrémonos en la distinción entre no violencia recta/completa y la pragmática/selectiva.

La no violencia recta o completa se basa en la afirmación fundamental de que la violencia está mal y la no violencia es lo correcto. Incluso habrá diferencias entre aquellos que se adhieran a la no violencia recta. Puede que algunos pacifistas absolutos vean la prohibición de la violencia como una ley que puede ser violada. Puede que otros piensen que, si bien hay una norma general contra la violencia, también hay principios problemáticos que también son de gran valor. Desde esta perspectiva, la norma en contra de la violencia no es absoluta: la no violencia es preferible, pero no absolutamente necesaria. Una versión no absoluta de la no violencia recta podría llamarse no violencia "prima facie". Un compromiso *prima facie* con la no violencia diría que debemos usar métodos no violentos a menos que exista un deber más importante que nos lo impida.

La no violencia pragmática o selectiva no se apoya en ninguna afirmación básica sobre la moralidad de la no violencia, sino en la pregunta de qué es lo que funciona. Desde la perspectiva pragmática, la respuesta a esa pregunta depende de una gran variedad de factores, en especial la cuestión de cuáles son nuestros objetivos, qué herramientas tenemos a nuestra disposición y cómo se nos presenta la situación actual. Los objetivos se seleccionan normalmente por razones morales y políticas: un marco moral y político nos ayuda a determinar los fines que perseguimos. Sin embargo, un enfoque pragmático para alcanzar estos fines suele estar dispuesto a utilizar una gran variedad de herramientas distintas, siempre y cuando sean eficaces. La cuestión de la eficacia depende de factores empíricos e históricos, que ayudan a determinar qué herramientas hay disponibles y qué métodos pueden ser más eficaces.

También existe una cuestión importante sobre cómo coordinamos los objetivos a corto y largo plazo. Los defensores de la violencia suelen centrarse en la eficacia a corto plazo, mientras que los defensores de la no violencia tienden a centrarse más en el largo plazo y en tener una perspectiva más amplia. Piensen en cómo funciona esto en un ejemplo doméstico habitual. Puede que un progenitor se sienta tentado a azotar a su hijo para enseñarle una lección rápida. Lo más probable es que tenga un efecto inmediato, pero el defensor de la crianza no violenta puntualizará que las lecciones también pueden enseñarse de una forma no violenta y advertirá que un modelo de crianza que implique violencia acarreará repercusiones a largo plazo. En estas repercusiones se incluyen el riesgo de escalación y abuso, así como el tono general que establece el recurso a la violencia. Es fácil desarrollar este ejemplo para pensar en enfoques distintos de justicia penal, estilos de protestas sociales y cuestiones como violencia terrorista y política. Los defensores de la violencia sostendrán que la violencia puede ser eficaz en esos casos; los defensores de la no violencia dirán que lo que parece funcionar a corto plazo suele acabar provocando peores resultados a la larga.

Las explicaciones pragmáticas pueden llevarnos a pensar que "el fin justifica los medios". Esta idea implica, normalmente, que todo vale para conseguir nuestros fines y suele usarse para justificar la violencia. No obstante, la cuestión de si "todo vale" debe complementarse con un estudio cuidadoso de lo que realmente funciona, tanto a corto como a largo plazo. Los que defienden la no violencia por razones pragmáticas sostendrán que la no violencia es más eficaz que la violencia. Pero quedan una gran variedad de preguntas abiertas sobre la eficacia. ¿Eficacia hasta qué punto? ¿Cuán duraderos serán sus efectos? ¿Y cuáles son los riesgos asociados a ella?

Una defensa más completa de la no violencia ofrecerá una teoría sobre los efectos a corto y largo plazo, sobre los riesgos políticos y espirituales de la violencia y el poder transformador de la no violencia. La no violencia completa tiende a rechazar la idea de que el fin justifica los medios y los defensores de la no violencia recta suelen sostener que los fines y los medios deben estar coordinados. Algunos defensores de la no violencia son muy firmes con esta idea. Gandhi afirmó: "Creo que los medios y los fines están íntimamente interconectados. Es decir, nunca se puede conseguir un buen fin mediante un mal medio". King dijo: "Los fines y los medios deben ser coherentes… A la larga, debemos ver que el fin representa los medios durante el proceso y la idea en desarrollo. En otras palabras, no podemos creer o no podemos ir con la idea de que el fin justifica los medios porque el fin es preexistente a los medios". Michael Nagler afirmó: "los medios y los fines son uno y son indivisibles". El compromiso tan firme con la no violencia es consecuencia de esta manera de pensar. Si los medios y los fines deben ser coherentes, el uso de la violencia como medio socavaría cualquier objetivo no violento que estuviéramos persiguiendo.

A veces, esto se afirma de una manera que apela a una especie de principio metafísico de armonía, o algo como la ley del karma. Martin Luther King dijo la famosa frase: "el arco del universo moral es largo, pero se inclina hacia la justicia". Esta idea tiene sentido desde el punto de vista religioso de King. Desde esta perspectiva, se afirma que los medios violentos utilizados para conseguir fines no violentos pueden resultar contraproducentes por algún tipo de estructura cósmica de causa y efecto. Esto también podría basarse en el trabajo empírico en psicología y sociología, que demuestra cómo la violencia genera respuestas negativas, resistencia y tiende a la escalación. También hay que hacer una aclaración normativa y es que nuestras acciones modelan y representan los valores que seguimos. Normalmente, existe una conexión entre medios y fines en los movimientos políticos y las ideologías. Los movimientos liberal-demócratas se basan en las ideas básicas de respeto por los derechos humanos, la importancia del Estado de derecho y la necesidad de transferencias de poder no violentas. Los movimientos violentos amenazan con transgredir esos valores. Si un movimiento político violento llegara al poder, su metodología no se correspondería con los valores predominantes de la democracia. Es más probable que los movimientos violentos se vuelvan opresivos y autoritarios cuando logren llegar al poder. Pasemos ahora a la cuestión de la democracia.

Democracia y no violencia

La idea de coordinar medios y fines es también una idea central para la política democrática. Si valoramos los derechos humanos, el Estado del bienestar y las transferencias de poder pacíficas como fines que hay que perseguir en la vida política, deberíamos utilizar medios democráticos correlacionados para conseguir estos fines. Estos medios democráticos serían no violentos.

Dicho de otra forma, los medios no violentos son las mejores herramientas que tenemos para cultivar democracia y paz. No se trata de una verdad absoluta, pero existen importantes pruebas empíricas que apuntan hacia esta tendencia general. Al final de sus largas explicaciones históricas sobre movimientos no violentos exitosos, Ackerman y DuVall explican: "si se ha navegado por el canal de la democracia con un movimiento no violento al frente como piloto, la capacidad de mantener la democracia de una nación será mayor que si no hubiese marcado el camino ninguna estrategia de resistencia popular". Más recientemente, Hallward y Norman concluyeron que, tras su extenso análisis de la literatura, "es más probable que los medios democráticos y no violentos deriven en fines más democráticos". Bartkowski explica que la no violencia suele llevar a transiciones democráticas libres y más duraderas. Mientras tanto, la lucha armada depende de liderazgos y procesos jerárquicos y herméticos que dan lugar a resultados antidemocráticos.

El término "democracia", igual que el término "pacifismo", puede interpretarse de distintas formas. La idea de la democracia que se ha expuesto está íntimamente conectada con la no violencia. Los gobiernos que se autodenominan "democracias" pueden ser beligerantes. Si entendemos la palabra democracia etimológicamente, significa simplemente "el poder del pueblo". No obstante, "el pueblo" puede ser beligerante y optar por oprimir a los que no son considerados miembros de pleno derecho "del pueblo", como, por ejemplo, mujeres, inmigrantes o esclavos. Las democracias pueden albergar disputas internas y acabar en guerras civiles. Y un sistema gubernamental democrático puede emplear la violencia en asuntos domésticos (con el uso de los cuerpos policiales, por ejemplo, o mediante el uso de la pena de muerte).

Sin embargo, si se entiende que la democracia requiere el consentimiento de los gobernados, surge la noción del poder político, que puede interrumpirse cuando el pueblo retira su consentimiento. Esta idea se desarrolla bajo la idea general del "contrato social", que es fundamental para la teoría política moderna desarrollada en distintas formas por Thomas Hobbes, John Locke, Jean-Jacques Rousseau, Immanuel Kant y, en el siglo XX, por John Rawls. La teoría del contrato social no es no violenta; ha sido la fuente de los argumentos a favor de la revolución política violenta. John Locke dijo: "todos los comienzos pacíficos de gobierno se fundaron en el consentimiento del pueblo". No obstante, esto implica que cuando hay una conquista o cuando se instaura un gobierno, lo cual viola esta noción de consentimiento, la revolución está justificada. Thomas Jefferson y los revolucionarios norteamericanos manifestaron en la Declaración de Independencia de los Estados Unidos:

> Se instituyen entre los hombres los gobiernos, que derivan sus poderes legítimos del consentimiento de los gobernados… Que cuando quiera que una forma de gobierno se haga destructora de estos principios, el pueblo tiene el derecho a reformarla o abolirla e instituir un nuevo gobierno.

Locke y Jefferson fundaron el derecho del pueblo a resistir, incluyendo el derecho a la participación en una revolución violenta.

Los defensores de la no violencia asumen la idea democrática moderna de la legitimidad política como consentimiento. Sin embargo, añaden que las protestas y las insurrecciones deberían ser no violentas. Y, abogando por la no violencia, también adoptan una postura crítica respecto al uso de la violencia en la política normal y corriente, incluyendo la violencia estructural que se encuentra en las democracias modernas y liberales.

Los *estados* modernos (sean o no democráticos) se reservan el monopolio del uso de la violencia y, por lo tanto, no son realmente no violentos. Por este motivo, el ideal de democracia que está más estrechamente relacionado con el de la no violencia sería en realidad una especie de anarquismo. Volveremos a esta cuestión en breve.

Consideremos la relación entre democracia liberal centrada en el estado y la no violencia. La idea de que las democracias tienden a ser más pacíficas se ha llegado a aceptar como truismo en los estudios de las relaciones internacionales. La llamada "teoría de la paz democrática" sostiene que los estados democráticos no van a la guerra unos contra otros. En relación con esta idea, "la teoría de la paz capitalista" apoya que la violencia entre naciones disminuye cuando la prosperidad aumenta y cuando existen relaciones comerciales abundantes entre naciones. Se podría afirmar que las relaciones comerciales son básicamente no violentas: nos comprometemos mutuamente de forma no violenta cuando hacemos intercambios entre nosotros libremente. Además, con respecto a la política doméstica de los estados liberal-democráticos, la idea es que cuando existe respeto por los derechos humanos y el Estado de derecho y un compromiso con las transferencias de poder pacíficas la vida política doméstica es menos violenta.

Estas ideas han llevado a Rummel, por ejemplo, a varias conclusiones básicas que están vinculadas a su afirmación general sobre que "la democracia es un método de no violencia". Rummel sostiene que:

1. Las democracias bien establecidas no hacen la guerra y casi nunca ejercen violencia menor entre ellas.

2. Cuanto más democráticas sean dos naciones, será menos probable la guerra o la violencia menor entre ellas.

3. Cuanto más democrática sea una nación, menos estricta será su violencia exterior general.
4. Cuanto más democrática sea una nación, será menos probable que tenga violencia colectiva doméstica.
5. Cuanto más democrática sea una nación, menos probable será su democidio (por ejemplo, asesinato en masa o genocidio).

El enfoque de Rummel se basa en el estudio empírico y en hechos históricos. Steven Pinker ha desarrollado un enfoque similar a partir de la obra de Rummel (y otras explicaciones empíricas). Pinker llega a una conclusión parecida acerca de la relación entre los valores liberal-democráticos, la ilustración, la modernidad y la paz. Tal y como se desarrolló esta idea en la obra de Immanuel Kant a principios del siglo XVIII, Pinker explica: "Tal y como dijo Kant, es poco probable que las democracias se enfrenten entre ellas por dos motivos. Uno es que la democracia es una forma de gobierno que, por diseño, está construida alrededor de la no violencia. Y lo más importante es que las democracias tienden a evitar guerras porque los beneficios de la guerra van a parar a los gobernantes de un país, mientras que el precio lo pagan sus ciudadanos". Este último punto está relacionado con la idea de que, en una democracia, el gobierno manda bajo el consentimiento de los gobernados. Kant suponía que si a la gente normal le preguntara si querría ir a la guerra (y también pagar por ello con sus impuestos), escogería no luchar.

El mundo real es más complicado. Existen numerosos ejemplos de ciudadanos democráticos que han estado a favor de la guerra (por ejemplo, la popularidad inicial de las guerras de Estados Unidos contra Afganistán e Iraq). A estas ideas podemos añadir la de que los ciudadanos deben ser también "ilustrados", tal como diría Kant. Para tomar buenas decisiones respecto a la guerra, los ciudadanos deben estar instruidos en la moralidad, el precio y las causas de la guerra y la probabilidad de éxito. El nacionalismo anticuado debe dar paso a un cosmopolitismo más ilustrado.

No está todo dicho sobre estas cuestiones. Una explicación completa exploraría el racismo, la desigualdad y la explotación en los estados democráticos, así como la historia de la esclavitud y el colonialismo en la genealogía de las democracias liberales modernas. Sigue existiendo violencia estructural en los llamados estados democráticos. Esto es lo que, por ejemplo, ha provocado las manifestaciones de *Black Lives Matter* que se han organizado en oposición al uso de la violencia contra la gente negra en los Estados Unidos. También podemos profundizar en cómo los Estados Unidos ha demostrado ser una anomalía, ya que cuentan con el presupuesto militar más alto del mundo, han utilizado tortura, siguen empleando la pena de muerte, etcétera. Quizá Estados Unidos no es tan democrático como cree ser (si se cree que el compromiso con la no violencia es una de las señas de identidad de la democracia). O puede que los Estados Unidos tengan algo más (quizá su papel como superpoder o su largo historial racista) que ayude a explicar esta anomalía.

Ahora, examinemos más detenidamente la cuestión de las transferencias de poder pacíficas, pues nos ayudará a preparar el terreno para nuestro posterior debate sobre la política extrainstitucional. En una democracia ideal, cuando un político/a o su partido pierde el poder, darán paso a otro político y a su partido pacíficamente. Esta es una de las premisas más básicas de la democracia. Se supone que el sistema electoral tiene que dar lugar a una transferencia de poder pacífica. Este proceso es el que permite a los ciudadanos sentir que su voz importa y que el gobierno se basa en el consentimiento de los gobernados. La violencia política socava este proceso y destruye la premisa más básica de la democracia.

No existe ninguna forma no democrática en la que se pueda dar una transferencia de poder pacífica. Un monarca puede pasar su poder a su hijo. Un grupo de plutócratas puede distribuir el poder entre ellos. O un dictador puede escoger personalmente a su sucesor. No obstante, los cambios de poder violentos son los que ofrecen un reto más significativo: golpes de estado, invasiones, etcétera. Las transiciones violentas violan el ideal democrático. Si un individuo o partido llega al poder mediante la violencia, el régimen carecerá de legitimidad democrática. No podrá gobernar con el consentimiento de los gobernados y por eso mismo tendrá que convertirse en violento y opresivo para coaccionar a la ciudadanía a que se conforme y obedezca.

Muchas supuestas democracias han nacido de la violencia. Un ejemplo es Estados Unidos, que se formó con una revolución violenta. El país se expandió mediante el uso de la violencia colonial, que expropió tierras, exterminó pueblos nativos y mantuvo una economía esclavista. Y la "unión" se mantuvo con una sangrienta guerra civil. Este ejemplo demuestra que no siempre es cierto que la violencia impida el nacimiento de la democracia, si consideramos que Estados Unidos es una democracia.

Sin embargo, los historiadores revisionistas interesados en la no violencia han afirmado que el nacimiento real de los Estados Unidos ocurrió antes de la violencia de la revolución, en los movimientos no violentos de los años 1760 y 1770. Esto se sumó a la resistencia colonial estadounidense a los "impuestos sin representación" y a la protesta simbólica del motín del té en Boston. Gene Sharp se ha referido a esto como lo que él llama "la revolución no violenta colonial estadounidense". Durante este periodo, hubo una no cooperación sistemática con las autoridades británicas, que incluía boicots, huelgas, etcétera. También se hicieron manifestaciones, propaganda y se desarrolló la producción autosuficiente, unido al rechazo de Estados Unidos a comprar productos británicos. A esto se sumó la gran participación de las mujeres, que ayudaron a hilar tela americana (y así independizarse de los importes británicos) y participaron en protestas, boicots, etcétera. Todo esto creó un sentimiento de independencia que fue creciendo y que dio lugar al desarrollo de las "instituciones paralelas". Estos métodos no se desarrollaron de forma sistemática, sino que crecieron orgánicamente a medida que lo hacían los acontecimientos. No obstante, forman parte de las estrategias paradigmáticas de movimientos sociales no violentos. Son estrategias de no cooperación, no consumición, no importación y no exportación. Junto a la creación de instituciones paralelas, estas son, por supuesto, estrategias que también incentivan la independencia. Un sistema gubernamental se vuelve autosuficiente mediante esta labor no violenta.

Otras ideas parecidas formaron parte del movimiento independentista de la India liderado por Gandhi. Aunque, en vez de tener a George Washington dirigiendo un ejército, el movimiento indio estaba liderado por un defensor de la no violencia. No obstante, también hubo violencia en el caso de la India, tanto la infligida al movimiento por parte de los británicos como el desmoronamiento violento de la sociedad india durante y después de la etapa de la independencia y la partición. La violencia de esta etapa horrorizó a Gandhi, pero siguió y sigue existiendo hoy día en Pakistán e India (dos naciones dotadas de armas nucleares), que entraron en un conflicto que ha durado décadas. Una de las ironías de la historia es que India, la tierra de Gandhi, ha dado a luz a dos estados nucleares. Esto se vuelve aún más irónico cuando descubrimos que el nombre en clave para el programa nuclear indio era "Buda sonriente".

La independencia en la era de los estados nación precisa de un pueblo que construya y apoye a una fuerza militar. Sin embargo, los defensores de la no violencia insisten en que el objetivo debería ser la autosuficiencia y la independencia, en vez de la búsqueda del poder para el beneficio propio y la escalada del conflicto violento. El objetivo de un movimiento de liberación democrática no es fortalecer a los militares y consolidar el monopolio de la violencia (como dijo Weber). Los defensores de la no violencia y la democracia entienden el poder de otra forma distinta. Normalmente, en los movimientos democráticos no violentos participan una serie de actores amplia e inclusiva, como agricultores, comerciantes, mujeres, niños y ancianos. Todos pueden participar en una campaña de no cooperación o un boicot, pero la acción militar suele estar reservada para hombres físicamente aptos. Existe otra diferencia que tiene que ver con las estructuras de dominio y obediencia. El poder militar necesita control jerárquico y un tipo de obediencia incondicional. No obstante, las manifestaciones no violentas suelen ser más descentralizadas y menos conformistas, incluyendo una receptividad abierta a los actos creativos y espontáneos de los individuos. Para que un movimiento no violento tenga éxito, debe estar coordinado y sustentado y ser estratégico. Pero los movimientos no violentos lo consiguen democráticamente, haciendo que participe un sistema de base o de abajo hacia arriba más que un sistema de arriba hacia abajo o jerárquico. El resultado de estas diferencias en la estrategia y la organización se verá en la forma en la que el poder se organiza después de que triunfe la revolución. Los movimientos violentos y militares serán propensos a reproducir elitismo, jerarquía, centralización y violencia después de llegar al poder. Los movimientos no violentos y democráticos se inclinarán a centrarse en la inclusividad, la descentralización y una participación amplia, como los medios para crear cambios y los fines u objetivos que se persiguen.

Anarquismo y política extrainstitucional

Los golpes de estado y las revoluciones violentas suceden con frecuencia en la historia de la civilización. A veces, la historia parece ser un relato de la violencia, en tanto que la historia se centra fundamentalmente en los sucesos violentos espectaculares, como guerras y revoluciones. Aunque existen ejemplos de revoluciones violentas exitosas, en muchos casos, la llegada de los militantes se traduce en el fin de la democracia. Esta lección es tan vieja como la antigua Roma y puede verse en la era napoleónica y el ascenso del fascismo y el totalitarismo en el siglo XX. Cuando acontece una revolución violenta, la democracia está en riesgo, porque, como explicó Arendt, la violencia y el miedo son unilaterales: carecen del poder de la legitimidad y del consentimiento. Cuando una estructura política se instituye con violencia y se apoya, principalmente, en la violencia o la amenaza de la violencia, tiene que volverse cada vez más violenta para poder mantener su poder. Normalmente, la violencia típica de la estructura política (por ejemplo, la violencia estatal) provoca violencia entre aquellos revolucionarios que rechazan la autoridad del estado. La protesta no violenta ofrece una alternativa a la dialéctica continua de violencia política. A menudo, esta alternativa incluye una crítica de la violencia estatal que raya en el anarquismo.

Un problema importante que tienen la no violencia y la democracia es que, muchas veces, los estados son los mayores proveedores de violencia. Normalmente, los estados modernos nacen de forma violenta y se desarrollan consolidándose y centralizando poder violento. Las armas nucleares y el genocidio representan las terribles culminaciones de este desarrollo. La no violencia apunta en otra dirección, naturalmente. Los defensores de la no violencia han sido a menudo críticos con la violencia estatal. En efecto, las estrategias de no violencia funcionan normalmente exponiendo la violencia del estado mediante el tipo de jiu-jitsu político que describe Gene Sharp. Cuando el estado aplica mano dura contra los manifestantes no violentos, el uso de la violencia del estado sirve para deslegitimar su poder.

Por eso existe una estrecha relación entre la no violencia y la crítica a la violencia de estado que se conoce como anarquismo, que es también un término complejo. Básicamente, es un rechazo del poder político centralizado y jerárquico. Y, dado que los estados usan la violencia en defensa de su poder centralizado, los anarquistas han relacionado muchas veces sus críticas a la violencia de estado con un compromiso general con la autonomía del individuo y la defensa de la democracia, aunque, en este caso, la democracia se entiende directamente como "poder popular" y no como una forma de gobierno centrada en el estado. Esto no quiere decir que todos los anarquistas sean no violentos. Ciertamente, la imagen del anarquismo que guardamos en el imaginario popular está asociada a menudo con la violencia. Sin embargo, muchas veces, los anarquistas han sido críticos con la violencia y no son pocos los defensores de la no violencia que han simpatizado con el anarquismo.

León Tolstói es un ejemplo paradigmático, basando sus ideas anarquistas y pacifistas en su propia interpretación idiosincrática de los góspeles cristianos. Tolstói explicó que su objetivo era "la abolición de la organización del gobierno formada para generar violencia" y pensaba que esto facilitaría "una organización social más justa y razonable que no precisara de violencia". Esta clase de pensamiento estuvo influenciado por Gandhi, que llamó Tolstói Farm a una de sus primeras comunidades cooperativas. Gandhi pensaba que, al menos en la teoría, un estado perfecto estaría en una "anarquía ilustrada", la cual describió como un estado en el que "cada uno es su propio gobernante". También afirmó que "el estado ideal no violento será una anarquía ordenada. Ese estado será el mejor gobernado, que será el menos gobernado". Esta idea se hace eco de una idea encontrada en el famoso ensayo sobre "Desobediencia civil", escrito por el autor trascendentalista estadounidense Henry David Thoreau. La llamada a la desobediencia civil de Thoreau se basa en esos actos de no cooperación y desobediencia que sucedieron durante la fase no violenta de la revolución estadounidense, tal y como analizamos anteriormente.

Existen muchos otros autores que relacionan el anarquismo y la no violencia. El teólogo francés Jacques Ellul afirmó: "Con anarquía me refiero, primero, a un rechazo absoluto de la violencia". Ellul, Tolstói y Gandhi dejan clara la base religiosa de esta visión. No obstante, uno no necesita ser un santo de otro mundo para comprender el problema del poder y la violencia de estado. Un problema importante planteado por los anarquistas que han sido críticos con la violencia es que los estados piden e incluso exigen (en el caso de los ejércitos de reclutamiento obligatorio) que los ciudadanos maten en su nombre. Y los impuestos de los ciudadanos apoyan al ejército y a sus asesinatos (y manifiestan una clase de consentimiento hacia este tipo de violencia). Sin embargo, si los asesinatos y la violencia están mal, tal y como cree el defensor de la no violencia, está mal que el estado mate y haga tales propuestas a sus ciudadanos. Esto lleva a Robert Holmes a señalar que la no violencia, tal y como él la llama, está íntimamente relacionada con el anarquismo.

Por supuesto, tal y como han señalado los críticos del anarquismo durante mucho tiempo, exigir la abolición del estado en la teoría es una cosa, pero, probablemente, llevar esto a la realidad necesitaría una violencia significativa. Uno se pregunta si la anarquía sería capaz de limitar y evitar la violencia. Los defensores de los estados liberal-democráticos modernos sostienen normalmente que el estado ofrece la mayor esperanza para minimizar la violencia defendiendo los derechos humanos, cumpliendo con el Estado de derecho y asegurando transferencias de poder pacíficas.

Los estados liberal-democráticos son imperfectos, pero, al menos, son un paso en la dirección de reducir la violencia. La esperanza de muchos activistas no violentos de todo el mundo es hacer la transición de los regímenes autoritarios y coloniales para disfrutar de los beneficios de la democracia. Y dentro de los estados democráticos modernos, que los movimientos no violentos sigan exigiendo que estos estados estén a la altura de lo que han prometido.

Normalmente, exigir esto (que un estado esté a la altura de los estándares éticos) precisa de la urgencia de una política extrainstitucional. En algunos casos, existen canales legales comunes para desafiar el poder del Estado. Uno se puede postular para un cargo público o apoyar a un partido para hacer cambios en un país democrático. En algunos países, los ciudadanos pueden demandar al estado por haber violado sus derechos. Operar dentro del marco legal y político es, de hecho, un tipo de no violencia: votar, organizarse y postularse a un cargo público son algunas de las técnicas no violentas más básicas para hacer cambios sociales. No obstante, en algunos casos, esto es imposible (en regímenes autoritarios) o ineficaz (cuando la violencia estructural impide incluso que los estados democráticos cumplan su promesa de justicia igualitaria bajo la ley). La política extrainstitucional surge como un reto para el sistema legal y político.

Los movimientos democráticos no violentos extrainstitucionales involucran una serie de acciones no violentas, que incluyen tanto estrategias de no cooperación como la creación de instituciones alternativas. Las protestas y las revoluciones precisan de acción directa contra el poder represivo. Sin embargo, los movimientos no violentos para el cambio democrático que resultan exitosos también tienen que crear estructuras y sistemas que existan fuera de los canales de la política convencional y oficialmente sancionada.

En efecto, normalmente, estas estructuras y sistemas existen en una sociedad anterior a la aparición de campañas no violentas activas. Se encuentran en iglesias, partidos políticos, hermandades, sindicatos, grupos cívicos, universidades, etcétera. Existen muchas formas de organizarse fuera de la vida política (lo que se suele llamar "sociedad civil"). Las organizaciones de la sociedad civil son cruciales para unir a las personas en la política extrainstitucional. Una huelga o un mitin necesita algún grupo social que los organice. A veces, estos grupos pueden surgir en medio de una lucha, pero, normalmente, la preceden. En el caso de las protestas no violentas en Rusia, en 1905, los sindicatos y los líderes religiosos eran instrumentales. En el movimiento por los derechos civiles de Estados Unidos de 1960, las iglesias fueron fundamentales. En la resistencia al sistema soviético en los años sesenta y, de nuevo, en el año 1980, en Polonia, Checoslovaquia, y Alemania del Este, los sindicatos, grupos de artistas y la religión estuvieron implicados en el movimiento. A menudo, los estudiantes han estado al frente de este tipo de actividades, puesto que se organizan en las universidades fácilmente. En la Primavera Árabe, a principios de 2010, en las manifestaciones que se dieron en el movimiento conocido como Ocupa Wall Street y en las manifestaciones contemporáneas de *Black Lives Matter*, entró en juego un nuevo elemento: las redes sociales.

E incluso cuando parece que las manifestaciones y los movimientos sociales son actos espontáneos de individuos heroicos, normalmente, la historia no se acaba ahí en cuanto a la organización social. Es bien sabido que Rosa Parks se sentó en el autobús en Montgomery, Alabama, y se la escogió y preparó para poner su granito de arena en la instigación del movimiento. Era una miembro de la Asociación Nacional para el Progreso de las Personas de Color (NAACP, por sus siglas en inglés), que ayudó a coordinar y pagar su defensa legal. Tras pagar su parte, todo un sistema de apoyo organizado pasó a la acción y difundió noticias, apoyó a los que boicoteaban los autobuses y trabajó, generalmente, para facilitar el movimiento. La historia es similar a la de las protestas de la Primavera Árabe. En Túnez, cuando Mohamed Bouazizi se inmoló en 2010 en una protesta contra el régimen del presidente tunecino Zine El Abidine Ben Ali, ya existía una red entera que estaba preparada para acelerar y transformar este flujo espontáneo de frustración en el movimiento que se convirtió en la Primavera Árabe. La acción de Bouazizi tuvo precedentes. Hubo manifestaciones contra Ben Ali en el pasado, tal y como los afroamericanos protestaron contra la desigualdad antes que Rosa Parks. Pero, en estos casos, algo hace clic. Un individuo está a la altura y da vida a un movimiento. A veces, esto sucede sin que el individuo en cuestión desempeñe incluso un papel activo en el movimiento, tal y como surgieron las protestas después del asesinato de George Floyd por parte de la policía en 2020. En ocasiones, se da un movimiento masivo como respuesta a un suceso catalizador, pero se necesita algo de organización y coordinación anticipadas para que ocurran estos arrebatos espontáneos. El movimiento *Black Lives Matter* ya estaba activo antes de que George Floyd fuera asesinado.

La labor de la política "extrainstitucional" es compleja y se superpone a los esfuerzos institucionales. Entre los procesos políticos institucionales existen el voto, postularse para un cargo público, asistir a mítines del ayuntamiento con políticos, recaudar dinero para campañas políticas, proponer leyes y presentar demandas. Por otra parte, la acción extrainstitucional involucra a los individuos y los grupos que participan en lo que en ocasiones se denomina "acción directa". En vez de operar en canales normales del proceso político, la acción directa extrainstitucional se produce en otros lugares: en las calles, en las manifestaciones, en las redes sociales y en los grupos de piquetes. No existe una distinción clara entre los métodos institucionales y extrainstitucionales para promocionar el cambio social y político. Y, en ocasiones, el pueblo, los partidos y los grupos participan de dos formas: convocando protestas, huelgas y manifestaciones o también presionando a los políticos, proponiendo leyes, postulando para cargos públicos y votando. Tal y como hemos tratado, la vida política democrática es no violenta: votar, escribir a tu representante político y expresarse en un mitin del ayuntamiento son formas de acción no violenta. Cuando estas acciones no dan sus frutos, el pueblo recurre a los métodos extrainstitucionales.

6. Joven manifestante en una protesta.

No existe necesariamente una relación entre los métodos políticos extrainstitucionales y la no violencia. Ciertamente, el terrorismo es un método extrainstitucional, como lo son el sabotaje, el vandalismo y el daño a la propiedad. Los defensores de la no violencia rechazan las estrategias violentas. Evidentemente, los activistas no violentos rechazarían el terrorismo, que es un ataque violento contra las personas. El sabotaje, el vandalismo y el daño a la propiedad son, claramente, menos violentos, dependiendo de cómo definamos estas acciones. Existe un espectro continuo que abarca juicios sobre las circunstancias, daños, etcétera. Por un lado, algunos actos de sabotaje pueden generar un daño sustancial a las personas; y el daño a la propiedad también puede provocar daño (por ejemplo, cuando se daña a los testigos). Por otro lado, existe un tipo de daño a la propiedad y vandalismo simbólicos que no daña a nadie. Piensen, por ejemplo, en los activistas por la paz católicos conocidos como el *Plowshares movement* (el Movimiento de las rejas de arado, en español). El nombre proviene del verso de la Biblia en el que se habla de hacer azadas a partir de espadas (Isaías 2:4). Los miembros de este grupo entran sin autorización en áreas militares, derraman su propia sangre y, simbólicamente, golpean armas o instalaciones con martillos. En 2008, se arrestó a siete manifestantes del movimiento Plowshares en un establecimiento militar estadounidense, en Georgia, donde se manifestaron en contra de las armas nucleares. La mayoría eran ciudadanos de edad avanzada; había una monja de 79 años, un cura de 70 años y una manifestante de 62 años, Martha Hennessey, que es la nieta de Dorothy Day. En 2019, se declararon a estos manifestantes culpables de conspiración, daños a la propiedad del gobierno, allanamiento de morada y estragos.

Este ejemplo nos muestra una de las razones por las que la gente recurre a acciones directas extrainstitucionales. Parece imposible cambiar las estrategias militares y nucleares de Estados Unidos sin emplear métodos extrainstitucionales; la institución política está demasiado unida al militarismo, por lo que los activistas que buscan provocar un impacto recurren a medios extrainstitucionales. El mismo ímpetu que lleva a algunos a aceptar el terrorismo es lo que lleva a otros a emplear métodos de protesta social no violenta, es decir, una sensación de que las instituciones de la vida política comunes son corruptas, injustas o insensibles. Idealmente, el sistema político sería sensible, racional y justo. En algunas versiones de la democracia ideal, las estructuras comunes de la vida política deberían ser suficientes para defender la justicia y los intereses de los ciudadanos. Sin embargo, en el mundo real, muchas veces se da el caso de que, incluso en los supuestos estados democráticos, existe la necesidad de protestas no violentas continuas. Ciertamente, algunos estados democráticos recogen esto en sus principios constitucionales al proteger de forma explícita la libertad religiosa, la libertad de expresión, la libertad de prensa, el derecho de reunión y el derecho de petición al gobierno. En Estados Unidos, estos derechos se incluyen en la Primera Enmienda a la Constitución de los Estados Unidos, junto con la libertad religiosa, que puede considerarse como salvaguardar la posibilidad de protestas extrainstitucionales y no violentas.

A menudo, la idea de que la acción directa extrainstitucional se ha relacionado íntimamente con el anarquismo; si el estado y sus instituciones son corruptos, injustos e ilegítimos, entonces no existe motivo para adherirse a los métodos institucionales o esperar que sean eficaces. Antes mencionamos que Dorothy Day, que fundó y lideró el movimiento obrero católico. Era una pacifista y anarquista comprometida que dedicó su vida a servir a los pobres y a resistirse al militarismo. En 1954, en un ensayo escrito en contra del desarrollo de la bomba de hidrógeno, dijo:

> Cuando se dice que molestamos mucho a las personas con las palabras pacifismo y anarquismo, solo puedo pensar en que las personas necesitan que se las moleste, que necesitan que sus conciencias despierten, que, en efecto, necesitan revisar su trabajo y estudiar nuevas técnicas de amor y pobreza y sufrir el uno por el otro.

Dorothy Day fue encarcelada durante las protestas sociales. Se opuso a la primera y a la segunda Guerra Mundial, se negaba a pagar impuestos y nunca votó, a pesar de que fue arrestada y encarcelada en 1917 por participar en el movimiento sufragista femenino. En 1967 explicó: "Fui a la cárcel de Washington, defendiendo los derechos de los presos políticos. Como anarquista que he sido y soy, jamás he usado el voto que las mujeres han ganado con sus manifestaciones". Day ofrece un ejemplo de una persona comprometida con el cambio social no violento, cuyo énfasis recae exclusivamente en la acción extrainstitucional. Sus esfuerzos pretendían demostrar que un sistema que encierra a monjas y curas por protestar contra las armas nucleares de forma no violenta y encarcelar a mujeres que quieren votar está mal.

Métodos de no violencia, como los boicots y la desobediencia civil

En ocasiones, es difícil trazar una línea clara entre la acción violenta y la no violenta. Este esfuerzo es aún más difícil por el hecho de que existen bastantes técnicas y métodos de acción no violenta. Al principio mencionamos que Gene Sharp identificó casi 200 técnicas de no violencia que pueden agruparse en tres categorías generales:

- Protesta simbólica y persuasión (por ejemplo, escribir cartas
- No cooperación (por ejemplo, ralentización del ritmo de trabajo)
- Intervención (por ejemplo, desobediencia civil)

Hemos tratado gran parte de este tema a lo largo de este libro, pero consideremos con más detalle un par de técnicas (los boicots y la desobediencia civil), pues son buenos ejemplos de retos y oportunidades creados por el conjunto de técnicas no violentas.

Boicots económicos. Un enfoque típico es boicotear productos o actividades lucrativas, los llamados "boicots económicos". Existe una gran variedad de ejemplos: los movimientos "boicotea y desinvierte" dirigidos a Sudáfrica o Israel, el boicot a las uvas organizado por César Chávez y la *United Farm Workers* (la unión de trabajadores agrícolas, en español), el boicot del autobús de Montgomery, Alabama, inspirado en Rosa Parks y los boicots a los productos británicos en la India liderados por Gandhi. Estas acciones tienen como objetivo plantear una cuestión estratégica/socavando el beneficio de los que manejan los hilos. Algunos boicots han sido eficaces, como el boicot a las uvas de Chávez, que sirvió para tomar conciencia sobre las injusticias que afectan a los trabajadores agrícolas. Sin embargo, otros no lo han sido, como el intento de forzar el cambio en Israel a través de varios boicots que han resultado, en su mayoría, fallidos. Existen una serie de factores circunstanciales que influyen en la eficacia de un boicot, como cuán unificado y organizado está, cuánto daño se ha hecho mediante él, la cantidad de oposición y resistencia en su contra y cuánto tiempo será capaz de mantenerse. No obstante, el otro tema es la cuestión del daño provocado por los boicots. En algunos casos, resulta que los que se ven perjudicados son los que pertenecen a la base de la jerarquía social y política. Es probable que un boicot contra un régimen autoritario pobre no provoque mucho daño a las élites gobernantes, sino que provocará daño a los que el boicot está tratando de ayudar. Por eso algunos académicos como Johan Galtung plantean que los boicots puedan ser una forma de violencia.

Boicots políticos. Consideremos otra forma de boicot, lo que podríamos llamar un boicot de vida política, que implica el rechazo al voto (un boicot electoral) y a la participación en la vida política común de la nación. Esto podría incluir el boicot a celebraciones patrióticas, conmemoraciones, desfiles, etcétera, y negarse a saludar a la bandera. A nivel internacional, puede que se manifieste como una negativa a negociar, comerciar o reconocer la legitimidad de un gobierno extranjero. Los boicots políticos no parecen violentos; no se arriesgan a provocar daños a los vulnerables como lo hacen los boicots económicos, pero presentan una dificultad que está relacionada con la cuestión que hemos tratado anteriormente sobre las relaciones entre no violencia y democracia. La acción política democrática, especialmente las elecciones, parece ser simbólica y prácticamente importante. La cuestión práctica es que, para lograr un cambio social y político, tiene sentido votar a candidatos que lo avancen. La cuestión política es que parece que se debe participar en la práctica democrática si se aspira a la democracia. No obstante, las circunstancias importan y los sistemas electorales corruptos de los regímenes autoritarios no son realmente democráticos. ¿Tiene sentido votar cuando solo existe un solo candidato y la elección está manipulada por el aparato del estado o partido? En tales casos, votar es un acto esencialmente simbólico y provoca que el rechazo a la participación también lo sea. En un sistema así, su voto (o no voto) no tendrá ningún impacto práctico. No votar en ese caso supone retirar la lealtad y hacer una protesta simbólica. Existen complejidades que dependen de las circunstancias. ¿Tiene sentido votar en una elección presidencial estadounidense cuando solo hay dos partidos viables y parece que el sistema del colegio electoral socava el valor del voto popular? ¿Qué ocurre si un voto de protesta (o un no voto) provoca un resultado electoral que empeora las cosas? Y, a nivel internacional, ¿qué pasaría si el no reconocimiento de un estado extranjero deriva en un resentimiento duradero, provoca la inestabilidad o socava los esfuerzos en el desarrollo de la justicia mundial? En estos casos, las consideraciones prácticas y simbólicas deberán tenerse en cuenta.

Anteriormente, vimos que Dorothy Day nunca votó; parece que su crítica pacifista y anarquista del estado hizo que retirara su lealtad y no participara en la política institucional. No obstante, Day también participó en el movimiento sufragista femenino. Esto puede ser paradójico o quizá existe una diferencia entre tener el derecho a votar y encontrar políticos y políticas por los que merezca la pena votar.

Desobediencia civil. La desobediencia civil es quizá una de las estrategias más famosas de acción no violenta. Vimos anteriormente que Dorothy Day practicó la desobediencia civil y pasó tiempo en la cárcel. Martin Luther King fue a la cárcel, donde escribió su famosa "Carta desde la cárcel de Birmingham". Gandhi fue a la cárcel y, antes que él, Henry David Thoreau también por negarse a pagar impuestos. La protesta fiscal es una de las estrategias de acción no violenta. No obstante, evadir el pago de impuestos (porque eres un delincuente egoísta y codicioso) no es lo mismo que estar dispuesto a ir a la cárcel como resultado de negarse a pagar impuestos por un deseo concienzudo de justicia. Puede que la ley le trate igual en ambos casos, pero los defensores de la desobediencia civil no se resisten para librarse de la cárcel, sino que se dejan arrestar para llamar la atención sobre la cuestión de la legitimidad de la ley.

De hecho, la desobediencia civil se ha defendido como expresar una especie de lealtad o fidelidad a la ley; ya sea a la ley natural, que está pensada para proporcionar la base del derecho continental, o a los principios democráticos del sistema constitucional. Martin Luther King, Jr. explica la desobediencia civil en términos del derecho natural, que trasciende el derecho continental, apelando a las ideas halladas en San Agustín en San Tomás de Aquino. Él dice que, al violar la ley, el defensor concienzudo manifiesta su respeto por la ley superior.

Mientras que King sitúa su enfoque en la tradición del derecho natural, otros explican la desobediencia civil en términos de derecho democrático y constitucional, relacionado mucho más estrechamente con la teoría del contrato social. Así es como John Rawls, el influyente teórico político estadounidense, lo explica y lo defiende. Rawls no es conocido principalmente por ser un defensor de la no violencia, pero es uno de los defensores más importantes de la teoría política liberal-democrática y defendía el derecho del rechazo consciente y la desobediencia civil basados en los principios liberal-democráticos. Rawls sugiere que la desobediencia civil es una parte importante de la política liberal-democrática, siempre que ocurra dentro del marco general de "fidelidad a la ley", y que apela al sentimiento de justicia de la mayoría, así como a los valores básicos recogidos en el sistema constitucional. Define la desobediencia civil como un: "acto público, no violento, consciente y político, contrario a la ley, cometido habitualmente con el propósito de ocasionar un cambio en la ley o en los programas de gobierno". Esto significa que la desobediencia civil es un "acto político" guiado por una concepción compartida o común de justicia. No lo son, pues, las acciones deliberadas de los delincuentes y los relativistas a los que, simplemente, no les gusta el *statu quo*. Como acto político, la desobediencia civil es una forma "pública" de violar la ley. No se hace en secreto ni a escondidas. En realidad, el objetivo de la desobediencia civil no es "librarse" de un delito, sino infringir la ley en público e, incluso, ser arrestado como una forma de hacer una consigna política. Y como acto no violento, la desobediencia civil no es una amenaza al orden público, la seguridad o la protección. Rawls explica: "aunque puede advertir y amonestar, no es en sí misma una amenaza".

En conclusión, tengan en cuenta que la desobediencia civil puede ocurrir de varias formas. Puede infringir directamente una ley injusta, tal y como ocurrió, por ejemplo, con los manifestantes por los derechos civiles de la gente negra que infringieron leyes segregacionistas durante el movimiento por los derechos civiles en Estados Unidos. No obstante, la desobediencia civil también puede usarse de formas que estén relacionadas de forma no tan directa con las leyes por las que se están manifestando. En algunos casos, la desobediencia civil se da en situaciones que se establecen de forma deliberada para provocar el arresto. Así, los manifestantes pueden infringir las condiciones de un permiso de manifestación. En ese caso, el arresto resultante no tiene nada que ver con la ley por la que se está manifestando. Piensen, por ejemplo, en un grupo ecologista que es arrestado por una marcha o una manifestación ilegal que corta el tráfico; su verdadero objetivo son los problemas medioambientales, no los que están relacionados con los permisos de manifestación y normas de tráfico. Generalmente, el objetivo estratégico es infringir la ley para provocar una respuesta por parte de la policía, captar la atención del público y, por consiguiente, llamar la atención y ganar solidaridad y simpatía.

Conclusión: eficacia pragmática frente a la transformación profunda

Puesto que estamos terminando este capítulo y este libro, volvamos a la cuestión de cómo y por qué funcionan estas técnicas y la distinción entre la no violencia pragmática y recta. Por una parte, existen efectos prácticos de manifestaciones y campañas de no cooperación no violentas. La no cooperación no violenta puede resultar eficaz, tanto a corto como largo plazo. Una huelga o un paro laboral tiene el resultado inmediato de detener la producción y puede inducir cambios a largo plazo en el caso de acuerdos negociados y mediación de conflictos. Hay casos de no cooperación no violenta que cambian los sistemas políticos y legales de forma eficaz: en las campañas de Gandhi, en el movimiento por los derechos civiles en Estados Unidos y en las transformaciones revolucionarias en Europa al final de la Guerra Fría. Estas actividades pueden ser eficaces en respuesta a ejércitos invasores u ocupación extranjera, como en el caso de la resistencia checoslovaca contra la potencia soviética en 1968 o el de la no cooperación danesa con el régimen Nazi, que ocupaba Europa.

Así que está claro que la no violencia puede funcionar a nivel práctico y tiene el poder de forzar negociaciones y acuerdos. Puede que eso sea suficiente, pero, a menudo, los defensores más famosos de la no violencia tienen algo más en mente cuando invocan el poder de la no violencia; no solo la coacción, sino también la persuasión e incluso la conversión. Además de la resistencia eficaz a la injusticia y al desarrollo progresivo en el sistema legal, los defensores de la no violencia imaginan, a veces, una transformación social más profunda. Además de usar la no violencia como una técnica eficaz, la conciben como la promoción de una transformación radical en la ontología social. Los defensores más radicales de la no violencia quieren una conversión del corazón que transforme la sociedad de arriba abajo.

En nuestro análisis previo sobre la ontología social, mencionamos los nobles ideales sobre la hermandad, el amor, la compasión, etcétera. Gandhi, King y otras personalidades creen que la no violencia tiene la capacidad de convertir y transformar. Esta aspiración es entendible, incluso aunque pueda que la conversión sea demasiado pedir en muchos casos. Era poco probable que la resistencia no violenta danesa convirtiera a muchos nazis y puede que estos se hubieran acostumbrado de mala gana a la no cooperación danesa. No obstante, existen complejidades de la psicología, la identidad social y la cultura que están en juego en la vida de un nazi comprometido, que harán que sea difícil imaginar que se produzca un cambio del corazón como resultado del encuentro con la resistencia no violenta danesa.

Aun así, parece que la transformación social a largo plazo es más probable cuando se emplea la no violencia. La forma de cambiar "corazones y mentes", tal y como dice el dicho, es a través de lo que se llama "poder blando" en las relaciones internacionales y la política exterior. Jonathan Schell ha explicado cómo ha funcionado esto en casos concretos, incluso en los primeros días de la Revolución francesa. El famoso suceso conocido como la "toma de la Bastilla", el 14 de julio de 1789, que se ha conmemorado desde entonces como el momento de la liberación francesa, ofrece una sorprendente lección de no violencia. La marcha hacia la Bastilla el 12 de julio empezó como una protesta no violenta en la que participaron hombres, mujeres y niños desarmados. Los manifestantes no violentos se armaron después de que el ejército francés los atacara; fue la escalada del estado lo que provocó el levantamiento. Tras una pelea que mató a cien personas, los revolucionarios tomaron finalmente la Bastilla cuando los guardias se rindieron. Según Schell, el éxito temprano y apenas sangriento de los revolucionarios fue el resultado de "ganarse los corazones y las mentes" de la oposición, que dejaron de estar dispuestos a defender el antiguo régimen. Schell explica que una revolución de corazones y mentes es la clave para una revolución exitosa.

Esto se hace eco de las afirmaciones de Gene Sharp sobre la importancia del consentimiento. Puede esfumarse rápidamente, especialmente cuando existe solidaridad y simpatía con quienes se manifiestan. No obstante, como es bien sabido con respecto a la Revolución francesa, la violencia no terminó con la toma de la Bastilla. Siguió una década de terror con la guillotina empapada de sangre y que, finalmente, condujo al golpe de estado de Napoleón y la guerra con el resto de Europa.

Esto nos recuerda que la cuestión de la conversión y la transformación requiere considerablemente más que un acto inicial de heroísmo (sea violento o no violento). La transformación social y política a largo plazo requiere un esfuerzo que se extiende más allá que cualquier generación. Es el producto de una estructura política cambiada, desarrollos culturales, incluidos la religión, y esfuerzos continuos para educar e ilustrar. Esto nos lleva de nuevo al debate de los medios de transformación social institucionales y extrainstitucionales. No es tan simple como tomar las calles en protestas no violentas. Un movimiento no violento que pretenda crear un mundo más amoroso, honrado y justo también buscará transformar la estructura legal y construir instituciones culturales duraderas. Buscará transformar la religión, la sociedad civil y la economía y construir una cultura de paz. Buscará transformar la vida familiar y las relaciones de género de una forma que promueva la no violencia, así como educar a la juventud sobre el poder de la no violencia y los problemas de la violencia.

En su sentido más amplio, la labor de la no violencia está orientada hacia el desarrollo de lo que se llama "paz positiva". A corto plazo, los métodos pragmáticos de protesta no violenta pueden ser eficaces, pero la imaginación no violenta se extiende hacia la creación de un mundo en el que hay solidaridad, justicia, compasión, verdad y amor. Los defensores de la no violencia mantienen que para crear un mundo así debemos emplear medios y métodos que sean un ejemplo de lo que imaginamos. Solo podemos esperar convertir, transformar y construir usando métodos de no violencia.

Acabemos volviendo a Gandhi, que pidió una transformación completa de la forma en que vivimos. En 1947, hacia el final de su vida, un mes antes de que lo asesinaran, Gandhi respondió a una pregunta sobre lo que tendría que suceder para que hubiese paz mundial. Él contestó lo siguiente:

> Primero hay que analizar profundamente las causas de las guerras y buscar formas de eliminar esas causas. Las guerras, en gran medida, se libran por cuestiones económicas. Si renunciamos al egoísmo y nos disponemos a tomar lo mínimo para satisfacer nuestras necesidades, no habrá ocasión para guerras. A menos que haya una transformación completa de nuestra economía y nuestro estilo de vida, la paz nos eludirá, sin importar cuán duro podamos luchar por ella.

La defensa de Gandhi de la no violencia está relacionada con esta visión de una forma de vida que está transformada radicalmente. Si el objetivo es la paz, el método empleado debe ser pacífico. Desde su punto de vista, el método de la no violencia transforma el egoísmo en simplicidad y nos proporciona una visión de una economía y un estilo de vida nuevos.

La imaginación no violenta ofrece una fuente de inspiración para crear un mundo mejor. Esa transformación es un proyecto a muy largo plazo. Progresamos en esta dirección cuando entendemos cómo y por qué funciona la no violencia a corto plazo. Progresamos cuando cultivamos una unidad/unión de medios y fines. Y progresamos cuando desarrollamos técnicas de no violencia y las usamos para construir democracias más inclusivas y justas. Progresamos cuando pensamos de forma crítica sobre la violencia y comprendemos las tradiciones y la historia de la no violencia. Y progresamos cuando nos percatamos de que la no violencia nos ofrece el poder de construir un mundo mejor, más justo, honesto y amoroso.

Lecturas recomendadas

Ackerman, Peter and Jack DuVall (2000). *A Force More Powerful*. New York: St. Martin's Press.

Butler, Judith (2020). *The Force of Nonviolence*. London: Verso, 2020.

Chenoweth, Erica. & Stephan, Maria J. (2011). *Why Civil Resistance Works: The Strategic Logic of Nonviolent Conflict*. New York: Columbia University Press.

Cortright, David (2008). *Peace: A History of Movements and Ideas*. Cambridge: Cambridge University Press.

Fiala, Andrew (2018). *Transformative Pacifism*. London: Bloomsbury.

Fiala, Andrew, ed. (2018). *The Routledge Handbook of Pacifism and Nonviolence*. New York: Routledge.

Holmes, Robert L. (2013). *The Ethics of Nonviolence: Essays by Robert Holmes*. London: Bloomsbury.

Holmes, Robert L. (2017). *Pacifism: A Philosophy of Nonviolence*. London: Bloomsbury.

Kurlansky, Mark (2006). *Nonviolence: 25 Lessons From the History of a Dangerous Idea*. New York: Modern Library.

Sharp, Gene (1973). *The Politics of Nonviolent Action*. Boston: Porter Sargent.

Sharp, Gene (2013). *How Nonviolent Struggle Works*. Boston: The Albert Einstein Institution.

Títulos de la colección

Haga una visita a:

UNA INMERSIÓN RÁPIDA

Visite nuestra WEB:
http://www.tibidaboediciones.com/inmersion-rapida

Conseguirá:

+Información de todos los libros publicados

+Noticias de los libros en preparación

+Podrá suscribirse a "Una inmersión rápida"

+Links a otros espacios de nuestra WEB

+Contactar con nosotros

+Recibir información puntual de todos nuestros títulos

9 788413 478258